Przeczytaj to, czego nie mogą inni:
Opanuj swoje umiejętności społeczne i komunikacyjne

Przeczytaj to, czego nie mogą inni

Opanuj swoje umiejętności społeczne i komunikacyjne

I J. Nayak

Indie
2023

ZAWARTOŚĆ

Byłoby wspaniale, gdyby ludzie mogli zrozumieć, co dzieje się w naszych mózgach – jednym z najbardziej złożonych organów, jakie kiedykolwiek stworzono – gdzie kształtują się wspaniałe pomysły i innowacje. Czy nie byłoby cudownie, gdyby nawet naukowcy i technologia mogli odkryć jego tajemnice – integralny element, który nie ma obecnie odpowiednika w maszynach?

Co więc dzieje się w naszych mózgach?

Można argumentować, że wiedza o tym, co ludzie naprawdę myślą, pomogłaby poprawić komunikację i ochronić nas przed potencjalnym niebezpieczeństwem. Czytanie ludzi może wydawać się niemożliwe, ale może okazać się kluczowe w eliminowaniu zgadywania lub dokonywania błędnych ocen w codziennych sytuacjach ze współpracownikami, nieznajomymi i bliskimi.

Czego potrzeba, aby właściwie interpretować ludzi? W idealnym przypadku fantazyjne stopnie naukowe zapewniałyby wystarczającą wiedzę o jego wewnętrznym działaniu; w przeciwnym razie może to zależeć od intuicyjnych mocy odziedziczonych po rodzicach lub ukrytych tajemnic, które trzeba odkryć - uważam, że wszystkie czynniki odgrywają rolę.

Nawet przy wszystkich książkach, jakie kiedykolwiek napisano na temat funkcjonowania mózgu, dokładne czytanie ludzi pozostaje niemożliwe. Dobre geny ani żadne tajemnice ujawnione w wyszukiwarce Google też nie pomogą; aby naprawdę zrozumieć czyjeś wewnętrzne funkcjonowanie, potrzebna jest nauka – zrozumienie, dlaczego ludzie myślą w ten sposób, co robią i jak reagują, jest kluczem do zrozumienia drugiej osoby.

Odszyfrowanie pilnie strzeżonych tajemnic wymaga wiedzy, obserwacji i zrozumienia wydarzeń, a także silnej intuicyjności, aby wyciągnąć trafne wnioski. Najważniejsze jest jednak znalezienie odpowiedniego kierunku i wyruszenie w podróż!

I ta książka oddaje ten cel. Dzieli naukę na łatwe do zrozumienia części, aby zapewnić czytelnikom wszystkie informacje potrzebne do czytania w myślach w łatwy i interesujący sposób. Przez te wszystkie lata ucząc ludzi skutecznych technik komunikacji, zdałem sobie sprawę, że informacje, które nie przynoszą bezpośrednio korzyści danej osobie, mogą szybko stać się bezużyteczne – wiedząc jednocześnie, co dzieje się z lewą półkulą mózgu podczas rysowania ptaka prawą ręką może być fascynujący, staje się bezcelowy, jeśli nie planuje się z niego korzystać w przyszłości.

Dlatego starannie wyselekcjonowałem informacje naukowe, które są specjalnie dostosowane do Twojego celu, jakim jest czytanie w myślach innych ludzi. Unikałem skomplikowanej terminologii i trzymałem się tego, co najważniejsze: prostych ustaleń z jasnymi wyjaśnieniami.

Ale to tylko jeden aspekt czytania w myślach; jest o wiele więcej. Istnieją sekrety, samoocena, subtelne znaki i triki komunikacyjne, które można zastosować, aby stać się bardziej dostrojonym słuchaczem. Używam analogii wschodzącego słońca, ucząc uczniów o opanowaniu dowolnego rzemiosła.

Każdego ranka pytam moich uczniów, o której wschodzi słońce. Ci, którzy budzą się wcześnie, mają pewne pojęcie, kiedy wschodzi słońce, w porównaniu do tych, którzy śpią późno; nikt nie jest w stanie podać dokładnej minuty, ponieważ nikt nie był wystarczająco zmotywowany ani wystarczająco spostrzegawczy, aby dokładnie wiedzieć, kiedy to nastąpi. Zatem daję im ćwiczenie – coś, do wykonania czego teraz zachęcam i Ciebie.

Wyobraź sobie, że każdego ranka przed wschodem słońca siedzisz na balkonie i czytasz gazetę, popijając kawę – czy łatwo byłoby Ci wiedzieć, kiedy dokładnie wzeszło słońce? Twoja odpowiedź może być dokładniejsza, ponieważ bycie tam, gdzie to się wydarzyło, pozwala dobrze zrozumieć „okno czasu".

Wyobraź sobie, że siedzisz na balkonie zwróconym na wschód, wpatrujesz się w dokładne miejsce wschodu słońca, obserwujesz, jak jego ciepło zabarwia niebo na horyzoncie złotymi odcieniami, a potem natychmiast sprawdzasz zegarek; Twoja dokładność byłaby tego konkretnego dnia niezrównana, ponieważ wiedziałeś, skąd ona się bierze i byłeś skupiony na wykonywanym zadaniu; Twoja intuicja również zadziała, umożliwiając dokładne szacunki nawet bez bezpośredniej obserwacji - będziesz wiedział dokładnie, kiedy wzejdzie słońce pomimo stale zmieniających się stref czasowych!

Gdybym teraz zapytał uczniów w klasie, o której wschodzi słońce, najtrafniejszą odpowiedzią byliby ci, którzy naprawdę zaangażowali się w jego odkrycie. Dokładnie tak działa czytanie w myślach; wymaga wiedzy, obserwacji i uznania, że każdy człowiek myśli inaczej, dlatego nie ma jednego rozwiązania, które będzie pasować do wszystkich.

Zrozumienie wszystkich czynników związanych z obserwacją danej osoby wymaga wiedzy i zaangażowania. Potrzebujesz solidnej strategii, która poprowadzi Cię we właściwym kierunku – właśnie w tym miejscu pojawia się ta książka – zapewniam Ci wszystko, czego potrzebujesz, aby stać się biegłym czytelnikiem.

Książka ta obala mity i nierzetelne informacje dostępne w Internecie na temat osób czytających. Na przykład skrzyżowane ręce mogą sygnalizować postawę obronną; ale w zimnym pomieszczeniu lub siedząc na krześle bez podłokietników takie zachowanie może być po prostu spowodowane wpływami środowiska, a nie cechami osobowości.

Wierzenie lub czytanie przypadkowych, bezpodstawnych „faktów" jest zarówno niepotrzebne, jak i szkodliwe; błędne odczytanie ludzi jest gorsze niż nieznajomość ich w ogóle! Czytanie w myślach nie wiąże się ze szpiegowaniem ani natrętnością – raczej polega na zrozumieniu, co ktoś naprawdę ma na myśli, mówiąc lub komunikując się z nami; zrozumienie ich myśli pozwala nam uświadomić sobie ich emocje, gdy reagujemy.

Fakt jest taki, że tylko 7% komunikacji odbywa się werbalnie, reszta odbywa się niewerbalnie. Czytanie w myślach wymaga zrozumienia, czego doświadcza ktoś inny, poprzez poznanie jego prawdziwych intencji stojących za tym, co mówi, w porównaniu z tym, co zostało niewypowiedziane – coś, co ta niezwykle pouczająca i dobrze udokumentowana książka zapewnia więcej niż tylko teoretyczne podejście do czytania w myślach.

Ta książka oferuje ukierunkowaną wiedzę i zrozumienie, anegdoty z moich własnych doświadczeń i wiedzy, a także całkowicie kompleksowe podejście, które nie pozostawia kamienia bez kamienia, jeśli chodzi o zrozumienie niewypowiedzianego świata. Przyjrzymy się także różnym typom osobowości, motywacjom i celom, abyś mógł dokładnie zrozumieć, jak myślą określone osoby, dlaczego komunikują się w taki sposób i w jaki sposób możesz osiągnąć osobiste cele za pomocą ich komunikatów – więc zaczynajmy już teraz.

Co to jest czytanie w myślach? Na pierwszy rzut oka czytanie w myślach może wydawać się jakąś formą magii lub nieetycznej praktyki mającej na celu wtrącanie się w prywatne myśli ludzi i sianie w nich spustoszenia; świadomość, że ktoś potrafi czytać w Twoich myślach, prawdopodobnie wywołałaby niepokój, niezależnie od statusu Twojej relacji z tą osobą; świadomość, że mają taką moc, może sprawić, że uciekniemy ze strachu – nie ma większej supermocy niż wiedza o wszystkim, co dzieje się w naszych mózgach! Ale w rzeczywistości chodzi bardziej o zrozumienie niż o inwazję.

Czytanie w myślach polega na budowaniu pewności siebie podczas rozmowy z kimś, wiedząc, że jej przesłanie nie zostanie błędnie zinterpretowane lub źle zrozumiane. Czytanie w myślach pozwala nam zrozumieć niewypowiedziane słowa i wzmocnić komunikację między zaangażowanymi stronami – to nieoceniona umiejętność, która pozwoli Ci budować silniejsze więzi zarówno zawodowe, jak i osobiste.

Naszymi ulubionymi ludźmi są zazwyczaj ci, którzy nas uważnie słuchają i rozumieją; ludzie tacy jak pediatra czy dentysta, którzy wiedzieli, kiedy nasze „wszystko w porządku" nie brzmiało całkiem dobrze; nieznajomi w autobusach, którzy rozumieli, kiedy zmienialiśmy masę ciała, ustępując miejsca, gdy było to konieczne.

Ci ludzie słuchają, obserwują i rozumieją nasze potrzeby i emocje ze współczuciem i zrozumieniem; nie są nachalni, ale zamiast tego zapewniają nieocenione wsparcie. Ich moce obejmują dokładną wiedzę, co należy zrobić, a także posiadanie umiejętności potrzebnych do budowania długotrwałych relacji dzięki tej niemal nadludzkiej zdolności – dokładnie do tego typu ludzi, do których w tajemnicy chcielibyśmy być bardziej podobni – nie urodziliśmy się z tą zdolnością, ale stworzyliśmy świadomą decyzję, aby być bardziej świadomym innych wokół nich.

Czytający w myślach wiedzieli, jak ważna jest skuteczna komunikacja; rozumieli, że skuteczny dialog wymaga głębokiego słuchania i dogłębnego zrozumienia tego, co zostało powiedziane poza słowami. W równym stopniu zwracali uwagę na ciszę, ton, motywację, intencje mówiących, jak i na świadomość swojego otoczenia i ludzi, jednocześnie wychodząc poza uprzedzenia, osądy i ograniczenia, aby oceniać rozmowy w celu wywnioskowania ukrytych prawd - w zamian zyskując zaufanie, zrozumienie szacunku jako a także dokonywanie lepszych osądów i decyzji zarówno zawodowych, jak i osobistych.

Czytanie w myślach jest jak zlecenie komuś przetłumaczenia języka obcego. Mogli to zrobić dosłownie lub wyjaśnić swoją motywację, stojąc za wypowiedzianymi obco brzmiącymi słowami.

Czytanie nie jest kolejnym rzemiosłem lub sztuczką mającą na celu naruszenie czyjejś prywatności; jest to raczej sztuka, która oddaje szacunek emocjom i myślom jednostki.

Nauka czytania w ludziach to jeden z najlepszych sposobów, aby rozmowy przebiegały płynnie i toczyły się pełnym kręgiem. Umiejętność czytania w myślach wyeliminuje wszelkie domysły podczas rozmów i zastąpi je zrozumieniem, współczuciem i elementami budowania relacji. Umiejętność czytania w myślach może znacznie zmienić interakcje podczas wydarzeń networkingowych, spotkań w miejscu pracy lub podczas spotkania z osobą, którą uważasz za bardzo atrakcyjną; umiejętność czytania w myślach może mieć niesamowity wpływ na wyniki interakcji między dwojgiem ludzi.

Czytanie w myślach to sztuka, która wymaga dogłębnej wiedzy o tym, jak działa ludzki mózg, obecności mentalnej, unikania osądów i dokonywania obserwacji – ale przede wszystkim polega na stworzeniu idealnej kombinacji tych wszystkich wymagań, aby zrozumieć czyjeś myśli bez względu na to, kim są. są, ich osobowość lub status związku z nimi.

Czytanie w myślach to temat dogłębny, dlatego omówimy każdy aspekt indywidualnie, zanim przedstawimy strategie zastosowania tych spostrzeżeń, aby stworzyć idealne środowisko do czytania w myślach!

Część pierwsza omawia wszystko, czego potrzebujesz, aby wyruszyć w podróż ku zrozumieniu ludzi i komunikacji. Opisuje, czego można się spodziewać, próbując odczytać ludzi, oraz błędy i przeszkody, jakie możemy napotkać, próbując zinterpretować to, co komunikuje ktoś inny. ponadto odnosi się do niektórych wyzwań, przed którymi stoimy dzisiaj na stale rozwijającej się arenie komunikacji.

Część druga bada wszystko, co jest związane z naszymi umysłami. Opisuje, jak działa nasz mózg i identyfikuje różnice indywidualne jako genetyczne. Co więcej, ta część pomoże Ci uzyskać wgląd w to, dlaczego ludzie zachowują się w określony sposób, i pozwoli poznać różne typy osobowości, dzięki czemu będziesz mógł spojrzeć na ludzi bardziej obiektywnie i dokonać lepszej oceny ich.

Część trzecia koncentruje się na Tobie i tym, co wnosisz do stołu. Istnieją dwa główne aspekty zrozumienia kogoś: poznanie jego sposobu myślenia i zrozumienie TWOJEGO. Niestety, bariery mentalne często utrudniają nam właściwe zrozumienie drugiej osoby. Nasza własna tendencja do szybkiego oceniania i wyciągania założeń na podstawie osobistych uprzedzeń uniemożliwia nam prawidłowe zrozumienie innych.

Część czwarta polega na wykorzystaniu wszystkiego, czego się do tej pory nauczyliśmy, i zastosowaniu tych zasad w praktyce. Tutaj odkryjesz małe sekrety i strategie, dzięki którym możesz wywnioskować prawdziwe znaczenie słów, dostrzec oszustwa i zyskać pełną kontrolę nad umysłem innej osoby.

Nie trzeba dodawać, że rozpoczynasz lekturę kompletnej książki i obszernego źródła informacji, jak zostać czytelnikiem na poziomie oficera śledczego.

Rozpoczęcie nowej podróży wymaga zrozumienia motywacji do podejmowania działań i przyczyn występowania określonych zachowań. Musisz wiedzieć, dlaczego czytanie w myślach jest konieczne i przewidywać wszelkie wyzwania w tym procesie; dlaczego to, co się wyraża, nie jest bezpośrednio przekładane?

Nie tak dawno temu komunikacja polegała na siedzeniu twarzą w twarz z drugą osobą, ze skrzyżowanymi oczami i zapewnieniu obojgu wystarczającej ilości czasu na rozmowę i bycie usłyszanym. Z biegiem czasu jednak sposoby komunikacji znacznie się zmieniły - nowe formy umożliwiły interakcje globalne, ale jednocześnie obniżają jakość interakcji, ponieważ wielozadaniowość odbywa się jednocześnie z rozmową toczącą się między wami. Oznacza to, że rozmowy straciły na wartości.

Brak czasu
Nasz czas jest stale na szali. Chociaż dzisiejsze technologie zapewniają nam pewną ulgę – wstępnie ugotowane posiłki mogą skrócić czas posiłku do zaledwie kilku sekund na każdy posiłek, a wirtualne spotkania często planują spotkania w drodze, aby zaoszczędzić czas – kawa stała się dostępna w drodze, a komunikacja często odbywa się w oparciu o listy kontrolne, które przygotowujemy w pamięci tworzyć w naszych umysłach.

Dawno minęły czasy komunikacji na odległość, która ograniczała interakcję
Dawno minęły czasy, kiedy komunikowaliśmy się osobiście lub pisaliśmy długie listy, których wysłanie mogło zająć miesiące; kiedy w ostatecznej wersji każde słowo miało jakieś znaczenie. W dzisiejszych czasach komunikacja przybiera różne formy, co często ogranicza interakcję.

Obecnie istnieje wiele sposobów komunikowania się z drugą osobą: e-maile, wiadomości tekstowe, interakcje w mediach społecznościowych, notatki głosowe, rozmowy wideo i rozmowy telefoniczne to tylko kilka dostępnych nam metod komunikacji. Spotkanie twarzą w twarz zostało w większości zastąpione spotkaniami Zoom lub rozmowami wideo, ponieważ omawiane tematy przeniosły się do Internetu – główną wadą jest to, że te formy rozmów cyfrowych ograniczają ogólne wrażenia z dialogu.

Wiadomości tekstowe nie pozwalają nam dokładnie ocenić tonu i wyrazu twarzy danej osoby, dlatego odpowiadanie składające się z jednego słowa może wynikać z nudy, braku porozumienia lub odciągnięcia uwagi od jednoczesnej komunikacji z wieloma innymi osobami.

Rozmowa kwalifikacyjna przeprowadzona przez telefon ogranicza Twoją zdolność zrozumienia, w jaki sposób rekruter otrzymuje i przetwarza Twoje odpowiedzi. Ponieważ między tobą a nimi nie ma interakcji, dokładne zrozumienie innych może stać się coraz większym wyzwaniem.

Osoby zajmujące się konwersacją w mediach społecznościowych
Anonimowość może mieć niesamowitą moc; pozwala ci stać się niewidoczną dominacją, jednocześnie dając ci możliwość usłyszenia twojego głosu bez

odpowiedzialności; dawanie innym dostępu do niezliczonych bogactw bez ograniczeń wynikających z kontroli paszportowych jest jak posiadanie skrzydeł bez ograniczeń dotyczących miejsca i czasu lotu.

Anonimowość pisania, ograniczona jedynie szybkością pisania, powoduje, że mówisz rzeczy, których w przeciwnym razie nigdy nie powiedziałbyś bezpośrednio komuś osobiście.

Przypadkowe myśli stają się opiniami, które następnie zamieniają się w debaty. Nigdy nie wiesz, czy osoba krytykująca Twoją fryzurę naprawdę jej się nie podoba, czy może po prostu sama miała zły dzień; wolność słowa uniemożliwia zrozumienie, w jaki sposób ludzie myślą i postrzegają określone informacje.

Globalna komunikacja między kulturami

Nie komunikujemy się już wyłącznie w obrębie naszych lokalnych społeczności, ponieważ firmy i relacje przekraczają granice. Kultury się wymieszały, gdy nasze sposoby interakcji rozprzestrzeniły się na cały świat – to, co z jednej strony było uważane za zachowanie pełne szacunku, może teraz być postrzegane jako obraźliwe z drugiej strony. Zaokrętowanie zajmie trochę czasu, ponieważ będziemy dostosowywać się i akceptować między sobą te różnice, jednocześnie ucząc się, jak współistnieć i skuteczniej komunikować się ponad granicami.

Nie tylko musimy pokonać bariery językowe, ale często konieczne może być zaakceptowanie faktu, że obojętność innej osoby na kontakt wzrokowy może nie wynikać z nudy, ale raczej z szacunku. Z biegiem czasu musimy wypracować wzajemnie akceptowalny sposób komunikowania się między kulturami.

W miarę jak ta globalna komunikacja staje się coraz bardziej wpływowa, jej skutki są najbardziej odczuwalne w domu; często powoduje zamieszanie i szok, a nie niezdolność ludzi do zrozumienia innych.

Dawno temu rozmowy skupiały się wokół polowań, rodziny, dzieci i przetrwania. Chociaż rozmowy skupiały się na tych tematach, teraz możemy omówić o wiele więcej – od bankowości i inwestycji po sport, technologię, a nawet cyfryzację, jest tak wiele tematów i podtematów, które można by obszernie omówić.

Zainteresowania nigdy nie były tak różnorodne; utrzymywanie rozmów między nimi może być niezwykle trudnym wyzwaniem. Twój umysł może łatwo wędrować, gdy rozmawiasz z osobą, której zainteresowania znacznie odbiegają od Twoich; prowadzi to do zamieszania i błędnej interpretacji działań, przez co czytanie w czyichś myślach jest jeszcze trudniejsze niż wcześniej.

Ponieważ nasz świat szybko się zmienia, dotrzymanie kroku jego szybkiemu rozwojowi i prowadzenie znaczących i produktywnych rozmów z ludźmi może być wyzwaniem. Aby zrobić to skutecznie i dokładnie je odczytać, należy pamiętać o tych czynnikach, rozwijając się w równym tempie.

Co jest potrzebne, aby znaleźć niesamowitą pracę? mes Gdyby zależało to wyłącznie od ocen w szkole i na studiach, osobiste rozmowy kwalifikacyjne nie byłyby nawet konieczne. Czy kiedykolwiek otrzymałeś ofertę po prostu przeglądając profile potencjalnych kandydatów na LinkedIn i będąc pod wrażeniem aktualnych stanowisk pracy? Jest to wysoce nieprawdopodobne; stopnie naukowe nie zawsze wskazują, czy ktoś jest idealnym kandydatem.

Firmy bardzo dbają o Twój sposób myślenia, nawyki oraz to, jak Twoje myśli i wartości są zgodne z wartościami firmy – jest to aspekt, który przekłada się również na życie. Na przykład przy wyborze partnera życiowego nie chodzi tylko o znalezienie komików; raczej powinieneś znaleźć kogoś, z kim podzielasz podobne zrozumienie tego, jak działa świat za pomocą środków niewerbalnych, takich jak dotykanie rąk.

Prawdą jest, że życie i ludzie często są skomplikowani; nikt nie ma łatwej odpowiedzi, jeśli chodzi o komunikację lub relacje społeczne. Na ich powierzchni nie zawsze widać żaden znak ostrzegawczy ostrzegający nas o kłamstwach, nadużyciach lub zachowaniach związanych z zastraszaniem. Badania natury ludzkiej doprowadziły do wielu niezwykłych odkryć. Istnieją wzorce zachowań werbalnych i fizycznych, które ujawniają te prawdy z niezwykłą dokładnością, często szczegółowo badane przez profesjonalistów zajmujących się zrozumieniem tego aspektu naszej egzystencji. Osoby pełniące takie role to tajni agenci, psychologowie, śledczy, doradcy i jurorzy. Badanie ludzkich wzorców pozwala im szybko określić, czy dana osoba jest uczciwa, ukrywa tajemnice lub angażuje się w zachowania przestępcze, co pomaga im w podejmowaniu rozsądniejszych ocen, aby chronić siebie i innych przed potencjalnym niebezpieczeństwem.

Nie trzeba dodawać, że umiejętności komunikacji interpersonalnej są obecnie w dużym stopniu zaniedbywane w społeczeństwie. Dlatego należy ich uczyć w szkołach i na uczelniach, niezależnie od programu, jaki wybiorą uczniowie; ludzie czytający nie powinni ograniczać się tylko do studiów psychologicznych; marketerzy, lekarze, pielęgniarki, prawnicy, rekruterzy, sportowcy – każdy profesjonalista zajmujący się ludźmi również powinien nauczyć się tej umiejętności.

Mistrzostwo w komunikacji i czytaniu ludzi
Czytanie to niedoceniana umiejętność, która często pozostaje niedoceniana, podobnie jak jej związek z mówieniem. Nie wszyscy myślą w ten sam sposób i mówią w ten sam sposób – wszystko zależy od wychowania, środowiska, emocji i typów osobowości, które wpływają na to, co mówimy – co oznacza, że jedna osoba może powiedzieć jedno, ale inna może to zinterpretować zupełnie inaczej; ostatecznie sprowadza się to do umiejętności czytania ludzi z wystarczającą dokładnością, aby dokładnie wywnioskować, co druga osoba ma na myśli poprzez to, co próbują powiedzieć

Relacje Według Henry'ego Winklera założenia to termity relacji - obserwacja, która nie może być bardziej prawdziwa! Nieważne, kogo to dotyczy; małżonek, rodzice, przyjaciele lub rodzeństwo: założenia i nieporozumienia często służą jako główne katalizatory powstawania konfliktów w tych związkach; często błędnie interpretowane jako brak zainteresowania z ich strony lub próba podzielenia się osiągnięciem przez jedno z rodzeństwa, uważana za wcieranie go w pamięć. W naszym codziennym życiu wielokrotnie zdarza się, że coś, co mówimy, może zostać całkowicie wyrwane z kontekstu lub całkowicie błędnie zinterpretowane przez innych - zmuszając nas do kwestionowania ich intencji!

Gdyby tylko zrozumieli, co naprawdę mamy na myśli, emocje lub szczere żale nie zostałyby błędnie zinterpretowane jako brak przywiązania i skargi. Zbyt często oczekujemy, że bliscy krewni wykryją subtelne aluzje, nastroje, zawoalowane przesłania lub aluzje bez konieczności bezpośredniego wyrażania się; czyż nie dlatego komunikowanie się jest taką formą sztuki: zrozumienie, co mają na myśli inni, bez konieczności wypowiadania się?

Czasami dokładne odczytanie znaków w związkach może być trudne. Jeśli chcemy dokładnie zinterpretować te znaki, potrzebne jest zrozumienie, koncentracja i świadomy umysł; raz nabyta może mieć ogromne znaczenie w utrzymaniu zdrowych relacji. Mieliśmy małżeństwo mieszkające obok, które uważało, że jej mąż wzdryga się za każdym razem, gdy ją okłamuje; przez co często wdawali się w bójki!

Za każdym razem, gdy zadawała mu podchwytliwe pytanie, wszyscy uważnie obserwowaliśmy jego górną wargę pokrytą imponującym wąsem i patrzyliśmy, jak zaczęła drgać w odpowiedzi. Moje wrażenie było wówczas następujące: wiedziała dokładnie, jak rozpoznać, kiedy kłamie! Ta informacja nie wróżyła dobrze, ponieważ często się o to kłócili – aż do czasu, gdy po latach poszli na terapię, gdzie odkryli, że drżą nie dlatego, że kłamał, ale raczej ze zdenerwowania! Takie założenia spowodowały tyle szkody w ich związku!

Dokładne czytanie ludzi może pomóc w przezwyciężeniu takich założeń, umożliwiając lepsze zrozumienie relacji, pomimo tego, jak dobrze ktoś może wyrażać się werbalnie.

Kariera

Gdybyś wiedział, że Twój szef nie doświadczał problemów poza miejscem pracy, które opóźniały jego wykonanie pracy w terminie, zamiast po prostu frustrować się spóźnieniem, Twoje podejście mogłoby być inne: zamiast tego oferować wsparcie moralne i przestrzeń Ciągłe krytykowanie opóźnień prawdopodobnie zaowocuje silniejszymi więziami emocjonalnymi z tą osobą i może otworzyć drzwi do możliwości, lepszych relacji i bardziej efektywnej pracy zespołowej.

Większość zawodów wymaga współpracy w zespołach w celu uzyskania wyników, niezależnie od tego, czy jest to lekarz, nauczyciel czy menedżer. Bez względu na specjalizację – od medycyny i nauczania po stanowiska kierownicze – zrozumienie i dobra współpraca z innymi specjalistami ma kluczowe znaczenie dla wydajnego wykonywania pracy i najlepszych umiejętności. W szczególności liderzy muszą współpracować z wieloma różnymi osobami – z których każda ma inne talenty, wady i reakcje w obliczu wyzwań lub krytyki – rozumiejąc, dlaczego dana osoba reaguje w taki a nie inny sposób, można odpowiednio dostosować reakcje i optymalnie wykorzystać jej umiejętności.

Dzisiejsze firmy dużo inwestują w tworzenie przyjemnego środowiska pracy dla swoich pracowników, zdając sobie sprawę, że pracownicy są ich największą inwestycją i powinni pozostać zadowoleni i szczęśliwi, aby móc osiągać maksymalne wyniki. Coraz częściej oferowane są zachęty, w których większy nacisk kładzie się na zadowolenie pracowników. Firmy muszą szanować indywidualność każdego pracownika, jednocześnie odpowiednio zaspokajając potrzeby emocjonalne; czytanie może zapewnić przedsiębiorstwom skuteczne narzędzie do osiągnięcia tego celu. Osoby czytające mogą również pomóc pracownikom zatrzymać pracowników, tworząc atmosferę sprzyjającą dobremu samopoczuciu i produktywności.

Życie towarzyskie
Ludzie są niezbędni dla naszego dobrego samopoczucia; wspierają dobre samopoczucie emocjonalne, podstawowe potrzeby i ogólny dobrostan psychiczny. Wszyscy ludzie pragną być usłyszani i zrozumiani, dlatego ludzie, którzy zapewniają innym bezpieczne przestrzenie do robienia tego, często przyciągają odpowiednią energię – wyobraź sobie, że rozmawiasz z kimś, kto dokładnie rozumie, co próbujesz powiedzieć, bez konieczności niekończących się wyjaśnień; prawdopodobnie szukałbyś tej osoby na każdym możliwym wydarzeniu!

Zdrowie psychiczne i emocjonalne Zrozumienie własnych myśli może być wystarczającym wyzwaniem; często nasze reakcje mają niepowiązane źródła – brak snu może sprawić, że będziesz rozdrażniony lub podenerwowany, podczas gdy małe rzeczy mogą z łatwością wywołać nasze reakcje, a my nie zdajemy sobie sprawy, dlaczego tak się stało. Inteligencja emocjonalna odgrywa ogromną rolę w utrzymaniu dobrego samopoczucia emocjonalnego i psychicznego, pomagając nam rozpoznać i zrozumieć własne emocje. czytanie na głos zapewnia kolejny poziom wglądu, ponieważ pozwala nam łatwiej rozszyfrować intencje innych ludzi, na przykład zrozumieć, że wybuch partnera może równie łatwo wynikać z tego, że gdy mamy dwa lata, opuściliśmy drzemkę!

Zrozumienie ludzi może pomóc Ci zachować spokój i pozytywne nastawienie nawet w chwilach największych emocji. Dystansując się od drwin i ataków, które mogą wydawać się skierowane przeciwko tobie, ale w rzeczywistości są spowodowane przez innych, zrozumienie pozwoli ci zachować pozytywne nastawienie nawet w chwilach zamieszania i trudności.

Czytanie ludzi może wymagać czasu i praktyki, ale opanowanie tej umiejętności jest warte poświęcenia czasu na tworzenie silniejszych relacji zarówno z innymi ludźmi, jak i ze sobą. W pracy umożliwi bardziej produktywną pracę zespołową, natomiast w życiu towarzyskim może stworzyć silniejsze sieci przyjaciół, oferując im bezpieczną przestrzeń do swobodnego zrozumienia i komunikowania się.

Co nie pozwala nam zrozumieć ludzi? Chociaż czytanie myśli słowo po słowie pozostaje na razie poza zasięgiem możliwości, żadna sztuczna inteligencja, postęp technologiczny czy medyczny nie zdołał rozszyfrować złożonych obwodów neuronowych w każdym z nas – a jednak coś wciąż powstrzymuje nas od dokładnego rozumienia mowy język?

Co uniemożliwia Ci prawidłowe czytanie ludzi?

Czy masz trudności z właściwym zrozumieniem ludzi? Co zatem powstrzymuje Cię od prawidłowego rozszyfrowania, co ludzie mają na myśli, wyrażając określone działania i słowa? Czytanie ludzi powinno być tak samo proste, jak zrozumienie wyrazu twarzy, tonu i dialogu innych osób, jednak nie zawsze tak się dzieje – te same słowa wypowiadane przez te same osoby przy różnych okazjach mogą oznaczać zupełnie inne znaczenia!

Ktoś może powiedzieć Ci: ,,Wiem, co masz na myśli", ale ton jego wypowiedzi może sugerować komplement lub krytykę.

Czasami łatwo jest uchwycić czyjś ton; innym razem może nie. Możemy błędnie zinterpretować, co ktoś ma na myśli z wielu powodów; Oto kilka czynników, które wpływają na to, jak interpretujemy ludzi:

Znając tę osobę zbyt dobrze lub niewystarczająco dobrze: w miarę wzmacniania się relacji z kimś, oczekiwania tej osoby wobec Ciebie odpowiednio rosną. Nasi bliscy oczekują, że zrozumiemy, co mają na myśli, bez konieczności wyjaśniania się lub skutecznej komunikacji. ,,Oczy powinny mówić", gdy znasz kogoś blisko, ale często zdarza się, że ta osoba błędnie się komunikuje, gdy nie ma odpowiedniego nastawienia. Za każdym spojrzeniem zawsze kryje się więcej, niż się wydaje; czasami ta historia może nawet pozostać Ci nieznana! To, co ktoś mówi lub ma na myśli, może się znacznie różnić w zależności od jego osobowości, otoczenia, myśli i innych codziennych wpływów – może być trudno dokładnie określić, dlaczego dana osoba może być w nieszczęśliwym nastroju; może być tak, że ich szef sprawił im smutek.

Podobnie jak w przypadku błędnej interpretacji słów i działań kogoś, kogo nie znamy wystarczająco dobrze, brak wystarczającej wiedzy może również prowadzić do błędnej interpretacji słów i działań. Introwertyk nie ma nic przeciwko tobie – po prostu otwiera się dłużej niż większość. Dlatego próba czytania wszystkich na równym poziomie prawdopodobnie zakończy się niepowodzeniem.

Przeoczenie kontekstu i skupienie się na znakach: Unikanie kontaktu wzrokowego może wskazywać, że ktoś kłamie; ale może również sygnalizować brak zainteresowania lub niską samoocenę; jednym z najgorszych błędów, jakie można popełnić, próbując kogoś przeczytać, jest stosowanie tego, co się czyta, bez uwzględnienia kontekstu i uwzględnienia wszystkich aspektów, gdy próbuje się kogoś przeczytać. Czytając ludzi, należy wziąć pod uwagę wszystkie czynniki, a nie wykorzystywać wyłącznie informacje z jednej książki jako dowód przeciwko jednej osobie.

Zakochanie się w pokerowej twarzy: Podczas czytania ludzi nie kieruj się założeniami wyłącznie na podstawie mowy ciała, słów lub wyrazu twarzy. Czytanie ludzi polega na zbieraniu danych na ich temat przed ich dokładną analizą w celu sformułowania dokładnych przypuszczeń na ich temat. Na przykład nie zakładaj, że ktoś jest zdenerwowany tylko dlatego, że ma spocone dłonie – zwróć także uwagę na inne objawy wskazujące na podobną nerwowość, takie jak wiercenie się, zdenerwowanie podczas mówienia na głos, jąkanie podczas mówienia itp. Może być tak, że osoba ta mają na sobie zbyt wiele warstw i jest im za gorąco w środku!

Nieświadomy swoich emocji: Może być tak, że jesteś tak pochłonięty zachowaniem kogoś innego, że nie potrafisz ocenić, jak się czujesz na podstawie zachowania drugiej osoby lub własnego postrzegania jej? Być może twoje własne uprzedzenia, uprzedzenia lub ich zrozumienie powstrzymują cię od zobaczenia szerszego obrazu sytuacji; Aby dokładnie czytać ludzi, należy zacząć od samoświadomości i zrozumienia tego, jak postrzega się ludzi.

Błędna osobowość lub sytuacja desfasoealing Zachowanie Istnieją dwa kluczowe elementy, które wpływają na czyjeś działania – otoczenie i cechy osobowości. Niestety, rozróżnienie między nimi w przypadku komunikacji z nieznajomymi i znajomymi może być trudne, co prowadzi do błędnej oceny tego, co ludzie próbują przekazać. Zbyt szybkie wyciąganie wniosków oznacza zapewnienie sobie wystarczająco dużo czasu na zrozumienie, czy reakcja danej osoby wynika z osobistych preferencji, czy z sił zewnętrznych, z którymi musi się zmagać.

Poddaj się błędowi potwierdzenia: Kiedy tworzymy z góry przyjęte wyobrażenia na temat kogoś i kojarzymy z nim etykiety, wszystko, co ta osoba później powie lub zrobi, służy uzasadnieniu tej oceny tej osoby i potwierdzeniu naszych własnych myśli na jej temat. Robiąc to, możemy jednak uniemożliwić sobie zobaczenie pełnego obrazu i zamiast tego skupić się na tym, co postrzegamy jako rzeczywistość.

Poddawanie się błędom osobowości: Kiedy uważamy, że ktoś jest atrakcyjny, nasze umysły tworzą w naszych umysłach nadmiernie pozytywny obraz tej osoby. Dotyczy to również osób, których nawyki, hobby lub wybory są podobne do naszych; nasze opinie są zazwyczaj bardziej przychylne wobec kogoś, do kogo czujemy pociąg, w porównaniu do kogoś innego, niż się spodziewaliśmy – utrudniając w ten sposób dokładną ocenę tego, kim naprawdę jest ta osoba.

Wpływ twojej przeszłości: jeśli ktoś niedawno cię oszukał, istnieje duże prawdopodobieństwo, że będziesz bardziej niechętny do zaufania temu, co ktoś teraz powie. Nasze przeszłe doświadczenia mogą kształtować sposób, w jaki oceniamy innych ludzi.

Brak elastyczności: jeśli masz zdecydowane opinie na jakiś temat, a ktoś się z nimi nie zgadza, mogą powstać bariery mentalne uniemożliwiające wzajemne zaakceptowanie i zrozumienie w pełni i obiektywnie. Na przykład, jeśli wolisz mądrze wydawać pieniądze i specjalizujesz się w inteligentnych strategiach inwestycyjnych, może to prowadzić do negatywnej oceny tych, którzy wydają pieniądze bez względu na te kwestie.

Faktem jest, że wszyscy mamy z góry przyjęte wyobrażenia na temat tego, co jest uważane za akceptowalne zachowanie innych ludzi. Choć całkowicie w porządku jest skłaniać się ku osobom o podobnych ideologiach i procesach myślowych lub mieszać się z nimi, trzymanie się mocnych ocen ludzi, które nie pasują do naszych ideologii, może stworzyć bariery między zrozumieniem, jak inni myślą i zachowują się, a pełnym zrozumieniem ich punktów widzenia i zachowań. Aby naprawdę zrozumieć innych i zaakceptować ich różnice.

Środowisko, wychowanie i osobowość odgrywają rolę w sposobie, w jaki się komunikujemy; nasze środowisko, wychowanie i cechy osobowości wpływają na nasze słowa, myśli i działania. Eksperci od osobowości zidentyfikowali specyficzne cechy i metody komunikacji, którymi zazwyczaj posługują się ludzie: Personlichkeit Asertywny; Agresywny; Pasywna agresja

* Manipulujący

W miarę lepszego poznawania ludzi zwiększa się Twoja zdolność rozpoznawania ich stylu komunikacji. Wzrośnie także zrozumienie, dlaczego ktoś mówi w określony sposób. Na pierwszy rzut oka pasywni komunikatorzy mają tendencję do unikania kontaktu wzrokowego i zgadzają się ze wszystkim, co mówisz, więc umiejętność rozpoznania ich stylu komunikacji pozwoli na dokładniejszą ocenę cech osobowości i relacji. Konkretne sytuacje i relacje wymagają różnych form dialogu. Style komunikacji różnią się w zależności od tego, kto mówi; możesz stosować strategie pasywno-agresywne, gdy masz do czynienia z osobami, których nie lubisz, oraz bardziej manipulacyjne metody, gdy rozmawiasz z nieznajomymi. Zrozumienie tych stylów przyniesie korzyści nie tylko Tobie, ale także innym. Przyjrzyjmy się więc głębiej, aby zobaczyć, jak działa każdy styl komunikacji i zidentyfikuj podobne style u innych osób.

Asertywny styl komunikacji
Ten styl komunikacji jest powszechnie uważany za jedną z najskuteczniejszych form. Osoba stosująca to podejście ma mocne przekonania i nie boi się ich dzielić; wypowiadają się wyraźnie, nie lekceważąc cudzych przekonań; szanować różne punkty widzenia, jednocześnie swobodnie wyrażając własne; wykazują wysoką samoocenę, szukając konsensusu i kompromisu w dyskusjach.

Asertywnych komunikatorów można łatwo rozpoznać po tym, że często używają „ja" podczas mówienia. Mogą na przykład powiedzieć: „Uważam, że powinniśmy bardziej wspierać jej poglądy" zamiast formułować to w następujący sposób: „Powinieneś być bardziej przychylny wobec wszystkich punktów widzenia". Osoby te mają również tendencję do wykazywania pozytywnego nastawienia podczas komunikowania się.

Poniżej znajduje się kilka charakterystycznych cech osoby o asertywnym stylu komunikacji: * Pewność wyrażania swoich potrzeb i pragnień.

* Utrzymują kontakt wzrokowy. * Nie wahają się powiedzieć „nie", gdy jest to stosowne. * Dają każdemu równe szanse na wniesienie swojego pomysłu.

* Używają stwierdzeń „ja".

Aby skutecznie komunikować się z asertywnym mówcą, pozwól mu swobodnie wyrażać swoje myśli i dokładnie wyrazić, co czuje, gdy tylko będzie na to wystarczająco dużo miejsca. Osoby asertywne mają tendencję do swobodnego dzielenia się swoimi punktami widzenia, gdy dają im taką szansę, co czyni je łatwiejszymi do odczytania i zinterpretowania niż w przypadku innych stylów, jeśli uznasz coś za niejasne; po prostu zadaj swoje pytania! Chętnie udzielą odpowiedzi na wszystkie pytania!

Agresywny styl komunikacji

Osoby stosujące ten styl komunikacji są zazwyczaj agresywne i wrogie. Ich celem w rozmowach jest zawsze zwycięstwo za wszelką cenę i często uważają, że ich wkład w rozmowy jest znacznie większy niż wkład innych uczestników. Zarówno treść, jak i kontekst często gubią się ze względu na sposób, w jaki ci ludzie przekazują swoje wiadomości – a agresywni komunikatorzy często używają zastraszającego i poniżającego tonu podczas mówienia; takie osoby mogą mocniej odpychać się od osób o podobnym stylu, przez co ich interakcje są dość trudne do odczytania, ponieważ wszystko, co mówią, zatracają się w walce o dominację w rozmowach.

Poniżej znajduje się kilka charakterystycznych oznak świadczących o agresywnym stylu komunikacji: * Ma tendencję do przechwalania się innymi. * Często wskazują palcami. * I na koniec marszczą brwi.

* Ci ludzie mają tendencję do zastraszania, poniżania, krytykowania i grożenia innym. Są także wymagający i kontrolujący.

* Osoby komunikatywne, które wyrażają swoje pomysły i myśli agresywnym tonem, zwykle używają stwierdzeń typu „ponieważ tak powiedziałem!” aby potwierdzić swoją władzę. Główną różnicą między asertywnym a agresywnym komunikatorem jest jego pragnienie dominacji; Osoba asertywna w komunikowaniu się woli przewodzić niż być kierowana. Rozmawiając z osobą o agresywnym stylu, staraj się, aby rozmowa była skupiona i na temat; nawet jeśli rozmowy odejdą w inną stronę, przywołaj je ponownie, dokonując oceny tego, co mówią, zamiast brać pod uwagę ich ton, próbując zrozumieć ich przesłanie.

Pasywny styl komunikacji

Nazywani także uległym stylem komunikacji, pasywni komunikatorzy skupiają się na zadowalaniu innych ludzi poprzez unikanie konfliktów i utrzymywanie rozmów w przyjazny sposób. Nie lubią konfrontacji i często odpowiadają, zgadzając się lub mówiąc „tak”. Wbrew temu, co może się początkowo wydawać, osoby o tym stylu komunikacji nie zawsze angażują się w pozytywny dialog – ich nieskuteczna umiejętność przekazywania swoich punktów widzenia może z czasem prowadzić do wielu uraz i negatywności; dla pasywnych komunikatorów wyzwaniem jest jasne wyrażanie się, podczas gdy dla pasywnych komunikatorów może być nawet trudno je odczytać, ponieważ prawie nie słyszymy, jak ich myśli wyrażają się otwarcie!

Oto kilka oznak, że dana osoba angażuje się w komunikację pasywną:
*Rzadko nawiązują kontakt wzrokowy.
* Ich postawa jest kiepska. * Ich postawa zwykle polega na „płynięciu z prądem”.

* Osoby o tym stylu często mają trudności z powiedzeniem „nie". Aby skutecznie komunikować się z osobami o tym stylu, najlepiej zadawać wiele pytań i zachęcać ich do wyrażania swojego punktu widzenia.

Pasywno-agresywny styl komunikacji

Każdy ma swój własny odcień szarości w komunikacji; Pasywno-Agresywny Styl Komunikacji nie jest tu wyjątkiem. Stanowi połączenie dwóch różnych podejść do komunikacji i obejmuje bierne zachowanie z góry i agresję czekającą na wszelkie oznaki konfliktu; osoby te mogą wydawać się miłe, ale pod powierzchnią mogą żywić znaczną urazę i złość.

Niechęć często objawia się plotkami, sarkazmem, protekcjonalnym zachowaniem lub pośrednimi komentarzami i uwagami, które pośrednio wyrażają frustrację. Osoby o tym stylu komunikacji zazwyczaj radzą sobie z nierozwiązanymi problemami i demonstrują je pośrednio, stosując pasywno-agresywne style komunikacji: * Często używają sarkazmu * Ich słowa nie pokrywają się z ich czynami * Trudno im zaakceptować emocje

* Ich wyraz twarzy nie pasuje do tego, co mówią.

Mogą używać zwrotów takich jak: „Nie denerwuj się! To był tylko żart!" lub: „Bez względu na to, co się stanie, nie obchodzi mnie to!" i często mogą sprawiać wrażenie pasywno-agresywnego lub złośliwego, gdy komunikują swoje zamiary; co sprawia, że jest to najtrudniejsze do zinterpretowania, ponieważ większość tego, co mówią, pochodzi z nierozwiązanych konfliktów i problemów.

Osoby stosujące manipulacyjny styl komunikacji Osoby stosujące ten styl komunikacji polegają na oszustwie i wpływie, aby za pomocą słów kształtować wynik rozmów i działania innych ludzi. Ich mowa często może być trudna do rozszyfrowania, ponieważ każde wypowiadane przez nich słowo wydaje się motywowane tym, co chcą zyskać; ich prawdziwe intencje często pozostają ukryte pod warstwami oszustwa i manipulacji; ci ludzie często mogą sprawiać wrażenie protekcjonalnych i będą robić wszystko, co w ich mocy, dopóki nie zgodzisz się z tym, co mówią.

Oto kilka oznak, że rozmawiasz z osobą o stylu manipulacyjnym: * Zwykle wypowiada się z wielkim przekonaniem. * Zwykle nie reagują dobrze w konfrontacji ze sprzecznymi punktami widzenia. * Przytrzymają wzrok na dłużej.

* Podczas mówienia wykorzystują gesty dłoni.

Wchodząc w dialog z tymi mówcami, należy w równym stopniu wykazać się cierpliwością i spokojem. Staraj się nie reagować emocjonalnie, pozostając asertywnym, ale stanowczym w swoich przekonaniach; nie pozwól, aby ich poglądy wpłynęły na twoją opinię, ale nie sprzeciwiaj się im, bo inaczej się odizolują. Style komunikacyjne ujawniają wiele o jednostce; oczywiście zależą one od tego, z kim się komunikuje; zwracając szczególną uwagę na te style, możesz odpowiednio dostosować reakcje i uzyskać lepszy wgląd w głębsze zrozumienie ludzi

Kultura jest wynikiem połączenia wielu różnych elementów: tradycji, folkloru, rytuałów, używania języka, wyborów związanych ze stylem życia i przekonań – wszystkie one przyczyniają się do kształtowania sposobu, w jaki się komunikujemy i rozumiemy. Kultura nie istnieje tylko geograficznie — dwie osoby w związku rozwijają z biegiem czasu swoją własną, odrębną kulturę, w miarę jak ich komunikacja, użycie języka i rytuały wpływają na nią i kształtują ją dalej — podobnie jak robią to różne firmy, regiony lub wszelkiego rodzaju relacje!

Próbując kogoś zrozumieć, musisz także poznać jego kulturę. Wiedza o tym, skąd ktoś pochodzi; ich przekonania i nawyki; a także wszelkie indywidualne rytuały i zwyczaje, które czynią ją wyjątkową, ma kluczowe znaczenie w rozwijaniu empatii wobec tej osoby.

Ludzie przyzwyczajeni do przestrzegania pewnych zasad i zwyczajów zwykle wchodzą w interakcje inaczej niż ci, którzy mają odmienne rytuały. Osoba przyzwyczajona do uczęszczania na spotkania, na które nikt nie przychodzi na czas, nie doceni ich tak bardzo, co doprowadzi ich do przekonania, że ich brak umiejętności zarządzania czasem wynika z kwestii dyscypliny, a nie adaptacji kulturowej.

Osoba wywodząca się z kultury charakteryzującej się określonymi stylami, językami i formami komunikacji prawdopodobnie przyniesie ze sobą te wpływy, komunikując się z osobą spoza jej własnej kultury.

Jako obserwator próbujący odczytać ludzi, powinieneś zwracać szczególną uwagę na ich pochodzenie kulturowe. Należy pamiętać, że obejmuje to nie tylko ich religię i pochodzenie etniczne, ale także wszelkie dodatkowe małe kultury, które mogły rozwinąć się w wyniku przynależności do określonych społeczności, organizacji lub innych wpływów.

Komunikacja i kultury są współzależne. Kultura wyłania się poprzez interakcje między jednostkami, które sprzyjają wzajemnej komunikacji, tworząc wzorce, prawa, zasady i rytuały, które kształtują społeczeństwo jako całość. Nasza komunikacja stanowi kręgosłup kultury, która stale ewoluuje poprzez globalną komunikację, która stała się codzienną koniecznością.

Ludzie z różnych kultur i grup etnicznych często wchodzą w interakcje za pomocą różnych sposobów.

Dzisiejsza kultura obejmuje znacznie więcej niż tylko jeden sposób bycia i robienia rzeczy; w zależności od tego, z kim społeczność lub społeczeństwo wchodzi w interakcje społeczne lub zawodowe, w tej przestrzeni mogą istnieć różne kultury i rytuały.

W związku z tym czytanie i rozumienie ludzi staje się zarówno łatwiejsze, jak i trudniejsze. Aby lepiej się zrozumieć, musimy przełamać założenia i stworzyć przestrzenie, które pod jednym dachem zapewnią przestrzeń dla różnych wierzeń, zasad i rytuałów. Komunikacja i zrozumienie ludzi z różnych kultur mogą jednak wiązać się ze specyficznymi wyzwaniami, takimi jak:

Ludzie komunikują się różnie. Nasze języki są różne, podobnie jak słowa i wyrażenia, których używamy. Nawet wyrażenia tak pozornie proste, jak „cokolwiek chcesz", mogą mieć różne interpretacje w różnych kulturach; kciuk w górę może być pozytywny lub obraźliwy, w zależności od tego, komu został dany. Od rozmieszczenia miejsc po różnice w odległości między poszczególnymi osobami – wszystko jest rozumiane inaczej w różnych krajach na całym świecie.

Nie każdy radzi sobie z konfliktem w ten sam sposób; niektórzy mogą postrzegać to jako sposób na wyciągnięcie produktywnych wniosków, podczas gdy inni postrzegają to jako wyzwanie. Komunikując się między kulturami, musisz być wrażliwy na uczucia innych ludzi i zwracać szczególną uwagę na ich reakcję na określone działania podjęte przez Ciebie lub inne zaangażowane strony.

Szanuj przestrzeń osobistą. Być może Covid-19 wymusił na nas dystans społeczny, ale inne kultury również nie akceptują kontaktu fizycznego i bliskości. Próbując dokładnie odczytać ludzi, uważaj na te szczegóły i staraj się nie naruszać niczyjej przestrzeni osobistej, podchodząc zbyt blisko lub wpychając się tam zbyt wcześnie.

Jako ludzie żyjący w tym niezwykle zróżnicowanym świecie zależymy od siebie nawzajem, jeśli chodzi o przetrwanie i spełnienie. Aby skutecznie sprostać tej potrzebie, ważne jest, abyśmy wzajemnie uwzględniali różnice kulturowe i ograniczenia. Nie można oczekiwać, że dokładnie kogoś odczytasz, jeśli najpierw nie zrozumiesz, co ukształtowało jego słowa i czyny; to, co ktoś mówi, może odzwierciedlać wszystkie jego przekonania i doświadczenia życiowe – okazywanie życzliwości może w dużym stopniu przyczynić się do wzmocnienia więzi między nami wszystkimi.

Po rozmowie ze znajomym nagle zdajesz sobie sprawę, że przestał znacząco reagować i po prostu kiwasz głową na wszystko, co mówisz, nie wnosząc zbyt wiele własnego wkładu. W tym momencie chciałbyś wiedzieć, jak dokładnie odczytać ich nastrój – coś, co wymaga cierpliwości i zrozumienia; ale na pewno osiągalne!

Czytanie ludzi może zmienić sposób, w jaki do nich podchodzisz i odwrotnie. Zrozumienie emocji i potrzeb ludzi pozwala na odpowiednie reagowanie i pogłębianie relacji. Dostosowywanie stylów i tonów komunikacji, aby głębiej łączyć się z ludźmi. Na czym jednak należy się skupić, próbując czytać ludzi? Zrozumienie, dlaczego zachowują się w ten sposób, może zapewnić wgląd w psychologię człowieka; dokładnie to omówimy w tej sekcji!

Część druga koncentruje się na zrozumieniu ludzkiego umysłu na podstawie stuleci badań, odkryć naukowych i badania ludzkiej natury. Omawiamy różne teorie, które pomagają odkryć różne typy osobowości i podstawowe potrzeby ludzkie, które motywują wzorce myślenia i zachowania ludzi – wiedza, która okaże się bezcenna w kontaktach z różnymi ludźmi z różnych środowisk.

Czy zastanawiałeś się, co motywuje ludzi? Czy kiedykolwiek zastanawiałeś się, co motywuje innych i ciebie, w kontekście codziennych motywacji i pragnień? Czy określiłeś ich siły napędowe Czy zastanawiałeś się kiedyś, co Cię napędza? Cokolwiek napędza Twój popęd, najprawdopodobniej napędza także innych.

Co Cię napędza w życiu?

Zrozumienie tego pytania wartego milion dolarów może mieć ogromne znaczenie zarówno dla Ciebie, jak i Twoich najbliższych – motywacja jest siłą, która utrzymuje wszystko na swoim miejscu.

Odkrycie, co motywuje ludzi, jest kluczem do ich zrozumienia, chociaż może to być trudne, ponieważ każdy jest inny. Przeszłość i teraźniejszość wpływają na cele, które motywują ich do dalszego życia pomimo trudności, jakie napotykają po drodze.

Aby więc w pełni zrozumieć, co motywuje ludzi, należy poznać ich indywidualnie. Spotykając się z ludźmi bezpośrednio i nawiązując intymną więź, możesz poznać ich przeszłe doświadczenia, zmagania, które przebyli, kluczowe osoby w ich życiu oraz wszelkie marzenia i cele, które mają nadzieję osiągnąć w życiu – informacje, które pozwolą Ci poskładać ich osobowość, która ujawni ich siłę napędową w życiu.

Według badaczy i psychologów wszyscy ludzie rodzą się z trzema uniwersalnymi potrzebami, które nimi kierują:

1. Niezależność – motywacja do dokonywania osobistych wyborów – jest najważniejsza, podczas gdy 2. Biegłość zapewnia motywację do bycia docenianym za coś.

3. Potrzeba kontaktu – chęć poczucia się cenionym przez innych [3]

Dlatego też, próbując zrozumieć czyjąś motywację do zmiany, zwracaj szczególną uwagę na tematy poruszane przez tę osobę w rozmowie. Czy ich siłą napędową jest chęć kontrolowania spraw, finansów i innych aspektów życia; lub chęć osiągnięcia wyższych stanowisk w pracy przy bardziej konkurencyjnych celach zawodowych; a może po prostu bycie dostępnym i obecnym dla tych, którzy są w ich życiu: przyjaciół, kolegów, rodziny?

Rozmowa z nimi pokaże, co ich motywuje. Te trzy podstawowe instynkty mogą zapewnić motywację; istnieją jednak inne siły, które również pobudzają motywację u jednostek.

Niektórzy cenią sobie sławę i władzę. Kiedy widzisz osoby o dużej władzy, takie jak politycy, właściciele firm lub przywódcy rad związkowych, na stanowiskach takich jak polityka lub członkostwo w radach związkowych, prawdopodobnie kieruje nimi chęć wspinania się wyżej po szczeblach kariery. Inni czerpią motywację z podejmowania ról przywódczych w instytucji lub kraju, wprowadzając zmiany poprzez inicjatywy poprawiające takie rzeczy, jak świadczenie usług lub zarządzanie obiektami.

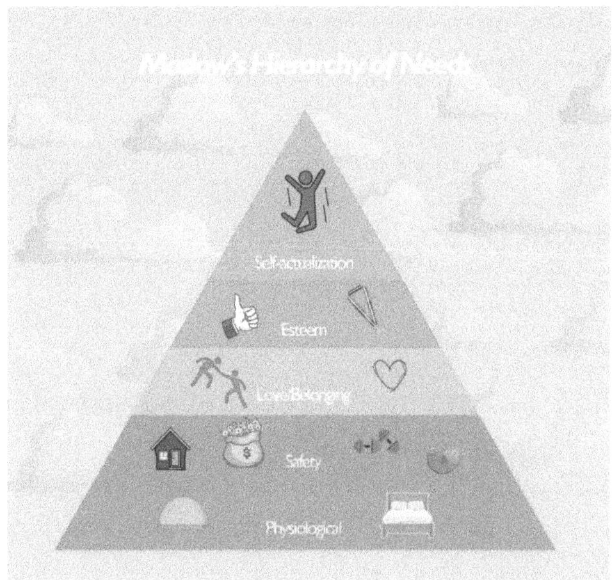

Można to dostrzec nie tylko w ich mowie i czynach, ale także w sposobie, w jaki się zachowują. Aby nawiązać kontakt z tego typu osobami, bądź bezpośredni, rzeczowy i logiczny. Wysoko cenią swój czas; więc będą Cię szanować, jeśli Ty też szanujesz ich czas.

Tam, gdzie niektórzy ludzie kierują się siłami zewnętrznymi, inni czerpią motywację z czynników wewnętrznych, takich jak pasja. Może to obejmować podróżowanie po świecie lub pracę na rzecz czegoś, co przynosi korzyści innym; oczy ludzi błyszczą, gdy dyskutują o tematach, które wzbudzają ich pasję; często poświęcając sen, czas wolny lub zdrowie dla większych celów.

Gdy tylko nawiążesz kontakt z osobą, której pasja napędza jej działania, budowanie więzi emocjonalnej powinno stać się łatwiejsze. Zrozumienie wpływu ludzi eliminuje wszelkie domysły dotyczące tego, jak najlepiej ich zrozumieć.

Piramida potrzeb Maslowa)

Aby lepiej zrozumieć ludzkie umysły i emocje, Abraham Maslow (amerykański psycholog) opracował teorię hierarchii potrzeb, która ilustruje podstawowe potrzeby jako czynniki motywacyjne ludzi. Teoria ta obejmuje pięć poziomów w swojej piramidalnej reprezentacji.

Kiedy podstawowe potrzeby zostaną zaspokojone, skupiamy się na zaspokajaniu kolejnych poziomów, aż do osiągnięcia ostatecznego zadowolenia i osiągnięcia najwyższego poziomu piramidy.

Maslow uważał, że ludzie są zmotywowani do spełnienia swoich podstawowych wymagań, zanim przejdą do wymagań bardziej złożonych.

Przyjrzyjmy się tym pięciu poziomom hierarchii, aby lepiej zrozumieć, co motywuje jednostki do dalszego postępu w swoich wysiłkach.

Poziom I: Potrzeby fizjologiczne uczniów

Te podstawowe potrzeby są niezbędne do przetrwania człowieka i obejmują:
* Woda >> żywność.4vetement Odzież i schronienie.
* Odpoczynek
U podstawy piramidy leżą potrzeby, które decydują o życiu lub śmierci. Nawet przy silnych związkach i pewności siebie, bez pożywienia niezbędnego do przetrwania twoje istnienie byłoby zagrożone – podobnie jak twoje relacje, ponieważ twoje podstawowe potrzeby pozostały niezaspokojone, prawdopodobnie będziesz szukać innych źródeł, aby wypełnić tę pustkę – na przykład próbując wypełnić kwadratową dziurę z okrągłymi kołkami!

Poziom drugi hierarchii potrzeb Maslowa Kiedy wspinamy się w górę po drabinie potrzeb Maslowa, bezpieczeństwo i ochrona stają się najważniejszymi priorytetami dla tych, których potrzeby fizjologiczne zostały już zaspokojone. Potrzeby te wynikają z pragnienia kontroli i porządku w życiu i obejmują: * Zdrowie i dobre samopoczucie * Stabilność finansowa Początkowo te obawy mogą mieć jedynie ograniczony wpływ, ale w miarę wspinania się w górę piramidy Maslowa stają się kwestiami najwyższej wagi, na przykład w przypadku osób o potrzebach fizjologicznych zostały już zaspokojone
* Ochrona przed urazami i wypadkami Potrzeby te zmuszają jednostki do znalezienia dobrej pracy z potencjałem rozwoju, zabezpieczenia ubezpieczenia zdrowotnego, wpłat na konta oszczędnościowe i zamieszkania w bezpiecznych dzielnicach w celu ochrony przed kradzieżą i przemocą.

Maslow opisuje poziom 3 swojej hierarchii jako obejmujący potrzeby miłości i przynależności w następujący sposób. Te potrzeby społeczne obejmują przynależność, akceptację i miłość – potrzeby emocjonalne, które odpowiadają powiązaniom i przynależności międzyludzkiej, takim jak relacje romantyczne, przyjaźnie, otoczenie społeczne lub grupy społeczne, które zaspokajają te instynkty.
* Organizacje religijne
Poczucie bycia kochanym i docenianym przez innych jest kluczem do zwalczania uczucia samotności, lęku, depresji i smutku. Przywiązania tworzą poczucie przynależności do życia, zapewniając znaczący cel – więź emocjonalna jest niezwykle ważna w motywowaniu ludzkiego postępowania na tym etapie ewolucji człowieka.

W miarę przesuwania się w górę hierarchii potrzeb Maslowa wymagania stają się coraz bardziej skomplikowane. Na tym etapie główną motywacją u ludzi jest potrzeba szacunku – napędza to wszystko zaspokajanie pragnienia szacunku i podziwu! Ludzie poświęcają więcej czasu i wysiłków na aktywność sportową, osiągnięcia zawodowe, sukcesy w nauce lub inne środki, które przyczyniają się do zaspokojenia wymagań związanych z poczuciem własnej wartości.

Ludzie na tym etapie chcą mieć poczucie, że wnoszą znaczący wkład w społeczeństwo i są wartościowymi członkami. Osiągnięte szczęście oznacza zadowolenie z siebie, co z kolei wzmacnia innych wokół nich. Pozytywny wpływ na życie innych staje się ważnym źródłem potwierdzenia, dzięki któremu życie innych staje się lepsze.

U osób niezdolnych do zaspokojenia tego poziomu potrzeb często rozwija się kompleks niższości i są one podatne na problemy z niską samooceną; w rezultacie uważają, że nie pasują do związków i że innym byłoby lepiej bez nich. To z kolei negatywnie wpływa na relacje międzyludzkie, ponieważ poczucie niższości ma tendencję do powodowania szkód i w rezultacie niszczenia więzi międzyludzkich.

Jednak nawet potrzeby o najwyższym poziomie mogą nadal mieć wpływ na ogólną jakość życia.

Poziom 5: Potrzeby samorealizacji

Kiedy podstawowe potrzeby jednostki zostaną zaspokojone, może ona przejść do zaspokajania potrzeb samorealizacji poprzez badanie swojego wnętrza i wykorzystanie swoich talentów do rozwoju osobistego. Na tym poziomie Twoim ostatecznym celem powinno być osiągnięcie głębokiego poziomu spełnienia, który będzie trwał przez całe Twoje życie.

Nie ma dwóch osób o takim samym wyobrażeniu o swoim idealnym ja, co wpływa na ich działania. Niektórzy skupiają się na zarabianiu większej ilości pieniędzy; inni starają się zrobić wrażenie w dziedzinach kreatywnych lub są wolontariuszami w pracach społecznych; jeszcze inni szukają wewnętrznego spełnienia poprzez samorozwój lub dawanie czegoś od siebie. Każdy pragnie osiągnąć tę najwyższą satysfakcję, ale niepowodzenia często utrudniają postęp – kilka osób wspina się w górę piramidy, zanim w końcu osiągnie ten poziom spełnienia.

Maslow określił ten najwyższy poziom jako „potrzeby wzrostu", podczas gdy cztery niższe jako „potrzeby niedostateczne". W przypadku dążenia do zaspokojenia niedostatecznych potrzeb mogą pojawić się aspekty prowadzące do ubóstwa w różnych aspektach, takich jak niedobór żywności, napięcia finansowe lub poczucie izolacji. Przechodząc o każdy poziom w hierarchii potrzeb Maslowa, można wyeliminować nieszczęście krok po kroku.

Wręcz przeciwnie, jeśli Twoje potrzeby piątego poziomu nie zostaną zaspokojone, nie spowodują one natychmiastowych trudności w zakresie żywności, finansów czy bezpieczeństwa; wynikają raczej z chęci dalszego rozwoju siebie jako jednostki i mogą mieć głęboko szkodliwy wpływ na poziom twojego szczęścia.

Teoria Maslowa często przedstawia się jako sztywna hierarchia; jednak wiele osób zaobserwowało, że jego spełnienie nie następuje w sposób ciągły, zależny od indywidualnych potrzeb. Na przykład niektórzy mogą przedkładać potrzeby związane z poczuciem własnej wartości nad potrzeby miłości i akceptacji, a może twórcze osiągnięcia całkowicie przyćmią nawet podstawowe potrzeby; wszystko zależy od priorytetów danej osoby.

Teoria potrzeb Maslowa wyróżnia pięć podstawowych potrzeb, na które składa się motywacja behawioralna. Rozumiejąc, z którego stopnia piramidy spada dana osoba, możesz lepiej ją zrozumieć i skutecznie się komunikować.

Nazywa się to nauką, ponieważ zrozumienie czegoś tak złożonego jak ludzkie zachowanie wymaga dokładnej analizy umysłu i zachowania. Analiza takich badań dostarcza narzędzi pozwalających nie tylko wczuć się w ludzi, ale także odpowiednio reagować, gdy wydają się zli, smutni, szczęśliwi lub doświadczają jakichkolwiek innych emocji.

Czy zastanawiałeś się kiedyś nad teorią czterech funkcji psychologicznych Junga? Czy kiedykolwiek zastanawiałeś się, dlaczego niektórzy ludzie czują się bardziej komfortowo podczas dużych spotkań towarzyskich, podczas gdy inni prosperują lepiej, przebywając w mniejszych, intymnych miejscach? Czy zastanawiałeś się, dlaczego niektórzy są zawsze gotowi na zabawę, a inni tęsknią za introspektywnym wieczorem z książką przy kominku?

Ponieważ świadoma energia i zainteresowania każdej jednostki płyną w różnych kierunkach w zależności od osobistych doświadczeń psychologicznych i wpływów środowiska, teorię tę wysunął szwajcarski psychoanalityk i psycholog Carl Jung. Według niego w osobowości dominują pewne postawy i funkcje, jako przeciwstawne tendencje, które determinują jej dominujący typ osobowości; kierunki te następnie określają typ jego postawy: introwersja lub ekstrawersja.

Jung zauważył, że dominujące postawy lub funkcje stają się częścią ludzkiej świadomości, podczas gdy ich przeciwieństwo reprezentuje nieświadome cechy osobowości; takie tendencje często ujawniają się pod wpływem stresu lub podczas snów.

Zanim zagłębimy się w teorię czterech funkcji psychologicznych Junga, rzućmy okiem na dwie opisane przez niego postawy osobowościowe, które stanowią jej podstawę.

Introwersja kontra ekstrawersja – załamanie postaw

Introwersja i ekstrawersja reprezentują przeciwne krańce spektrum postaw, zdeterminowanych sposobem, w jaki dana osoba emituje energię. Pewną rolę odgrywa także orientacja człowieka na czynniki zewnętrzne.

Introwertycy mają tendencję do wycofywania swojej energii z obiektów i dbania o to, aby wpływy zewnętrzne nie wywierały na nich władzy; Z drugiej strony ekstrawertycy mają tendencję do rozszerzania energii, próbując nawiązać aktywne relacje z tymi obiektami. Z definicji introwertycy skupiają się na świecie wewnętrznym, podczas gdy ekstrawertycy skupiają się bardziej na środowisku zewnętrznym – dzisiejsi psychologowie zgadzają się z teorią Junga, że temperamenty te mogą być przekazywane genetycznie.

Teoria Junga stwierdza, że mamy tendencję do reagowania na cztery różne sposoby, w zależności od dominujących postaw osobowości: Myślenie, Odczuwanie, Intuicja i Uczucie.

Następnie podzielił te funkcje na dwie odrębne grupy: racjonalną (myślenie i odczuwanie) i irracjonalną (intuicja i odczuwanie).

Introwersji i ekstrawersji nie można rozumieć oddzielnie; aby stworzyć pełny obraz osobowości jednostki, należy je raczej postrzegać w kontekście tych czterech funkcji. Teoria ta próbuje wykazać złożoność typologii człowieka.

Teoria Junga głosi, że wszystkie cztery funkcje mogą dominować w różnym czasie, w zależności od warunków zewnętrznych; jednak jedna funkcja zazwyczaj wyróżnia się ze względu na wrodzone tendencje lub czynniki rozwojowe - tak opisuje je teoria Junga.

Myślenie: Ta forma oceny opiera się na logice i pojęciowych współzależnościach między obiektami w celu oceny prawdziwości lub fałszywości doświadczeń, analizowania rzeczywistości poprzez ingerencję logiczną i analizę oraz podejmowania świadomych decyzji. Proces ten obejmuje systematyczne i racjonalne myślenie, ponieważ pomaga zrozumieć rzeczywistość poprzez systematyczne wzajemne oddziaływanie i badanie.

Wrażenie: ta funkcja reprezentuje wartość estetyczną przypisaną doświadczeniu bez żadnej logicznej oceny i rozumowania; zamiast tego wrażenia są postrzegane na podstawie tego, jak rzeczy wyglądają bez wahania; wszelkie pojęcia, takie jak kontekst, znaczenia, implikacje lub alternatywne interpretacje, leżą poza jego zakresem i reprezentują informacje dokładnie tak, jak wydają się zmysłom.

Intuicja: Funkcja intuicyjna koncentruje się na naszym instynkcie lub ogólnym postrzeganiu sytuacji, a nie na szczegółowej analizie lub logicznej dedukcji. Intuicja zapewnia kierunek poprzez zrozumienie okoliczności, relacji i ukrytych możliwości w sytuacjach, bez dowodów i dowodów na ich poparcie. Częścią tej funkcji jest nadawanie znaczenia wydarzeniom poprzez intuicyjne odczytywanie sytuacji, a jednocześnie wychwytywanie wzorców, które mogą być od razu mniej zauważalne.

Uczucie: Uczucie to funkcja sentymentalna, która polega na ocenie sytuacji na podstawie własnych uprzedzeń, upodobań i antypatii. Decyzje podejmowane są na podstawie przeszłych doświadczeń, które wpływają na odczucia dotyczące podobnych sytuacji – co zawsze jest subiektywne.

Teoria czterech funkcji psychologicznych Junga umieszcza funkcje racjonalne i irracjonalne na przeciwległych krańcach spektrum (tj. uczucie jest przeciwieństwem myślenia, a intuicja jest przeciwieństwem doznania), więc jeśli odczuwanie jest twoją dominującą funkcją, to intuicja nie zostanie uwzględniona wśród twoich funkcji drugorzędnych; raczej myślenie i czucie pozostaną aktywnymi decydentami, nieświadomie zaangażowanymi w procesy decyzyjne.

Podobna logika dotyczy cech osobowości (introwersji i ekstrawersji). Jeśli Twój dominujący sposób myślenia jest introwertyczny, istnieje duże prawdopodobieństwo, że Twój podświadomy sposób odczuwania będzie ekstrawertyczny.

Efektywne wykorzystanie funkcji drugorzędnych często sprawia ludziom trudność, ale dzięki praktyce i świadomości swoich działań możesz wznieść te podprogowe możliwości do świadomych wzorców myślowych.

Czytania ludzi można dokonać, wiedząc, czy ich dominujące funkcje skłaniają się ku byciu introwertykiem czy ekstrawertykiem, co można wywnioskować na podstawie typowych znaków, takich jak preferencje społeczne, ekspresja lub krąg społeczny. Po ustaleniu tych informacji można przewidzieć, jakiej funkcji zwykle używają przy podejmowaniu decyzji.

Od lat 70. XX wieku psychiatrzy stosują teorię osobowości Enneagramu do identyfikowania cech i cech jednostek. Zawiera dziewięciopunktowy diagram, na którym każdy punkt reprezentuje jeden typ osobowości, który odpowiada temu, jak ludzie myślą, czują i zachowują się wobec siebie i innych. W każdym punkcie istnieje 27 podtypów, z trzema kluczowymi ośrodkami reprezentującymi uczucia, działania i myśli, które wpływają na nasze zachowania w różnych środowiskach, ostatecznie determinowane przez nasze podstawowe motywacje.

Enneagram stara się scharakteryzować ludzi na podstawie ich dominujących motywacji, lęków i zachowań, aby lepiej zrozumieć osobowość jednostki. Czytając ludzi za pomocą analizy Enneagramu, jej typy osobowości zapewniają głębszy wgląd w mocne i słabe strony danej osoby, a także jej związek ze społeczeństwem jako całością. Co więcej, Enneagram pomaga zrozumieć motywacje stojące za tym, że ludzie zachowują się w taki, a nie inny sposób.

Teoria Enneagramu zakłada, że ludzie rodzą się z jednym dominującym typem osobowości, który jednak może się zmieniać pod wpływem doświadczeń i czynników zewnętrznych. Cechy zewnętrzne i wrodzone mają tendencję do wzajemnego oddziaływania; instynktowne cechy osobowości określają, jak ktoś reaguje w stresujących sytuacjach; co z kolei kształtuje ich osobowość na niespokojną lub spokojną.

Ten system teoretyczny dodatkowo podkreśla fakt, że ludzie nie pasują jednoznacznie do jednej kategorii; zamiast tego ich osobowości składają się z wielu cech łączących podstawowe typy z kilkoma dodatkowymi „skrzydłami”, znanymi jako modyfikatory temperamentu lub skrzydła. Chociaż skrzydła mają pewien wpływ na temperament, nie zmieniają znacząco dominujących typów osobowości; zgodnie z tą teorią podstawowe cechy zwykle pozostają niezmienne w czasie, chociaż określone mogą się zmieniać pod wpływem czynników zewnętrznych, takich jak nawyki i zdrowie.

Poszczególne osoby mogą posiadać kilka cech osobowości, przy czym dominujący typ zawsze będzie dla nich najważniejszy. Test Enneagramu może pomóc w zidentyfikowaniu tych cech osobowości.

Zastanówmy się teraz: jakie dziewięć typów osobowości znajduje się w Enneagramie osobowości? Przeanalizujmy je dalej.

Enneagram typu 1 – Reformatorzy z zasadami Osoby należące do tego typu osobowości kierują się pragnieniem postępowania sprawiedliwego pod względem moralnym i etycznym. Cenią uczciwość, zasady, samokontrolę i doskonałość we wszystkich obszarach życia. Typ 1 jest skłonny akceptować zarówno siebie, jak i otaczających go ludzi, jednocześnie dążąc do samodoskonalenia i doskonałości we wszystkich sferach swojego życia. Zwykle są tolerancyjni zarówno wobec siebie, jak i bliskich im osób, ale czasami mogą stać się nietolerancyjni i osądzający, gdy ich niedoskonałości wychodzą na wierzch lub sprawiają, że sami czują się nieodpowiedni lub nieodpowiedni.

Typ 1 zazwyczaj zamieszkuje centrum działania Enneagramu, chociaż ich działanie i kontrola zwykle pochodzą z wnętrza – poprzez zasady, dyscyplinę i samodyscyplinę. Zasady te służą jako ich siła przewodnia i sprawiają, że Jedynki wydają się zorganizowane i skoncentrowane na jakości.

Osoby należące do tej kategorii mają zazwyczaj ostre poczucie dobra i zła, wyznaczając wysokie standardy zarówno sobie, jak i osobom wokół nich. Ich wewnętrzny dialog często zawiera wiele stwierdzeń „muszę" lub „powinienem", ponieważ prowadzą wewnętrzną kartę wyników przeciwko sobie, co potencjalnie prowadzi do rozszerzania i kurczenia się ich życia.

Te z nich są znane z częstych napadów złości, chociaż zazwyczaj utrzymują je pod kontrolą. Ich złość zwykle objawia się urazą lub irytacją, gdy inni zachowują się nieodpowiedzialnie lub nieetycznie; w skrajnych przypadkach objawia się to zachowaniem pasywno-agresywnym, gdzie zwiększa się ich sztywność fizyczna, podczas gdy stają się niezwykle uprzejmi pomimo krytycznego stosunku do innych i często wydają się niewrażliwi na krytykę ze źródeł zewnętrznych, prowadząc ich na ścieżkę frustracji, a ostatecznie gniewu.

Osoby typu pierwszego są stosunkowo rzadkie – według jednego badania, w którym wzięło udział ponad 54 000 respondentów, tylko 10% stanowią osoby typu pierwszego.[6]

Enneagram typu 2 – Rozważni pomocnicy
Typ drugi ma wrodzone pragnienie, aby czuć się kochanym przez otaczających go ludzi, przywiązując dużą wagę do kultywowania znaczących więzi oraz hojności, życzliwości i bezinteresowności. Ich celem jest uczynienie świata kochającym środowiskiem poprzez zapewnianie wsparcia i uwagi najbliższym.

W najlepszym wydaniu Typ 2 może być ciepłą, serdeczną i hojną osobą, która dzieli się ze światem skromnością i pokorą. Niestety, mniej zdrowe Dwójki mogą sprawiać wrażenie egocentrycznych i manipulujących, dających tylko dla nagrody; ich wewnętrzny głos mówi im, że są wartościowi tylko wtedy, gdy inni ich kochają i potrzebują, co może skłonić ich do nadmiernego wysiłku i dawania więcej, niż to konieczne.

Wzorce działania dwójek wynikają z chęci rozwijania relacji. Dlatego wkładają energię i wysiłek w budowanie bliskich więzi i przyjaźni, przyciągając ludzi hojnymi gestami pochwały lub komplementów, dzięki którym inni czują się wyjątkowi i doceniani. Dwójki zazwyczaj zapewniają doskonałe usługi doradcze, gdy tylko reagują, gdy ktoś potrzebuje pomocy lub wyczuwają, że ktoś może potencjalnie skrzywdzić osobę, na której im zależy.

Procesom myślowym dwójek kierują rozważania i zamyślenie. Są dostrojeni do potrzeb innych – nawet tych nieświadomych ich pragnień – co sprawia, że ich myśli często pochłaniają inni ludzie i potrafią nawiązać z nimi znaczący kontakt. W rezultacie znaczna część energii mentalnej może zostać przeznaczona na próbę nawiązania kontaktu.

Dwójki zwykle czerpią wielką przyjemność z poczucia się niezastąpione, co może przełożyć się na dumną samoocenę lub przesadne poczucie własnej ważności i ostatecznie podważać relacje międzyludzkie.

Uczucia dwójek zwykle manifestują się na zewnątrz jako ciepła i wspierająca energia. Ich silna empatia sprawia, że są biegli w wyczuwaniu emocji innych i odpowiednim reagowaniu, a chociaż są ogólnie przyjaźni wobec ludzi, czasami potrafią zaskoczyć wzmożonym gniewem, gdy czują, że zostali zignorowani lub potraktowani niesprawiedliwie; Dwójki są asertywne, gdy chronią osoby, na których im zależy, gdy uważają, że są traktowane niesprawiedliwie i doświadczają emocjonalnego bólu, jeśli zostaną zlekceważone lub zignorowane.

Osoby typu 2 stanowią około 11 procent populacji, przy czym w tym odsetku kobiety stanowią więcej niż mężczyźni.

Enneagram typu 3 – Konkurencyjny zwycięzca
Motywacją osób osiągających sukcesy konkurencyjnych jest chęć prześcignięcia samych siebie i przewyższenia poprzednich osiągnięć większymi. Wyniki, uznanie i efektywność stają się w ich oczach sprawą najwyższej wagi, co skłania ich do dostosowywania swoich działań do okoliczności, aby osiągnąć nowy poziom osiągnięć.

W najlepszym wydaniu osoby te można postrzegać jako osoby pryncypialne, pracowite i zmotywowane, szerzące na całym świecie prawość i nadzieję. Czasami jednak pragnienie sukcesu może ich pochłonąć do tego stopnia, że odciągnie ich od ważnych relacji w życiu, co sprawi, że poczują się szczególnie ważni i wzmocnią swoje poczucie własnej wartości poprzez działania, a nie słowa.

Osoby działające mają tendencję do działania w oparciu o plany działania zorientowane na cel. Ich energia i skupienie są skierowane na efektywną realizację zadań. Wiele osób należących do tego typu osobowości może łatwo zmienić swoją osobowość, aby dopasować się do dowolnego zachowania, roli lub oczekiwań, jakich się od nich oczekuje; ich konkurencyjny charakter często objawia się podczas zajęć rekreacyjnych lub w pracy - osoby o tym typie osobowości mają tendencję do znajdowania zajęć lub konkursów, które pozwalają im zabłysnąć bardziej, podczas gdy społeczne Trójki wolą zawody zespołowe jako okazję do pokazania cech przywódczych w grupie - sprawiają wrażenie energicznych i pewnych siebie w każdym momencie.

Wzorce myślenia Trójek nadają ich osobowości optymistyczną nutę. Postrzegają porażki jako okazję do nauki, a nie pozwalają, aby powstrzymywały ich przed dalszym dążeniem do osiągnięcia swoich celów. Trójki mają tendencję do podkreślania informacji, które potwierdzają ich punkt widzenia, ignorując jednocześnie innych. Ich sukces polega na umiejętności skupiania się na właściwych rzeczach i podejmowania przemyślanych decyzji; ich szybki proces myślenia pozwala im szybko uchwycić się każdej sytuacji przed dostosowaniem się dzięki odpowiednim umiejętnościom komunikacji i zaangażowania, aby wszystko poszło zgodnie z planem.

Ich rywalizacja wynika z chęci porównywania się z innymi i oceniania siebie na podstawie tego, jak dobrze lub źle się porównują, często całkowicie zanurzając się w swojej pracy, aż stanie się ona częścią tego, kim są jako jednostka.

Ich wzorce uczuć pozwalają im emocjonalnie wycofać się z każdej sytuacji i podejmować obiektywne, racjonalne decyzje. Negatywne emocje, takie jak stres, strach i niepokój, nie pochłaniają ich, a mimo to nadal odczuwają frustrację i złość.

Trójki starają się, jeśli to możliwe, unikać wchodzenia w złą stronę ludzi, jeśli może to w jakikolwiek sposób przyczynić się do ich sukcesu. Są świadomi tego, jak ludzie mogą reagować na ich postawy i działania; chociaż na zewnątrz mogą wydawać się przyjacielscy, wewnątrz mogą czuć się nieufni wobec innych; skupiają się na okazywaniu zaufania innym, tłumiąc w ten sposób wszystko, co odwraca ich uwagę od robienia tego; inni mogą postrzegać Trójki jako nieporuszone lub nawet poważne z powodu takiego zachowania.

Enneagramy typu „trójki" należą do najrzadszych typów osobowości. Spośród 54 000 uczestników, którzy wzięli udział we wspomnianym wcześniej badaniu, tylko 11% identyfikowało się z tym typem osobowości; większość określiła się jako mężczyźni.

Enneagram typu 4 – intensywna twórczość
Enneagramowe Czwórki mają potrzebę wyrażania swojej wyjątkowej kreatywności poprzez słowa, pracę lub inne środki wyrazu – łącznie z samym językiem! Cenią indywidualizm, przywiązują dużą wagę do wyrażania siebie i uczuć.

Romantycy w głębi serca i wielbiciele piękna, Czwórki to prawdziwi twórcy w najprawdziwszym tego słowa znaczeniu. W najlepszym wydaniu osoby należące do tej kategorii są wrażliwe, a jednocześnie zadowolone, z autentycznym talentem, który czyni je jedynymi w swoim rodzaju; w najgorszym przypadku mogą sprawiać wrażenie temperamentnych lub melancholijnych, ponieważ są świadomi swoich wad i ran; ich rozmowa ze sobą obejmuje poszukiwanie celu w życiu poprzez autentyczne wyrażanie siebie.

Działania czwórek wynikają z potrzeby wyrażenia siebie. Rozkwitają, dzieląc się głębokimi doświadczeniami z osobami, na których im zależy, często wydobywając z nich wewnętrznego artystę lub używając symboli. Ich ekscentryczna osobowość często powoduje, że są sfrustrowani i rozczarowani wykonywaniem żmudnych zadań, które nie spełniają ich pragnień.

Czwórki mają tendencję do używania stwierdzeń takich jak „ja", „ja" i „moje", które dzielą się z publicznością osobistymi doświadczeniami. Choć na pierwszy rzut oka może się to wydawać zaabsorbowane sobą, w rzeczywistości jest to ich sposób na nawiązywanie kontaktu z innymi i budowanie relacji.

Twoje wzorce myślenia wynikają z potrzeby wypełnienia wszelkich dziur w swoim życiu, takich jak brakujące fragmenty siebie. Mają tendencję do internalizowania negatywnych informacji na swój temat, ignorując dane pozytywne, co prowadzi ich do internalizowania negatywnych wiadomości na swój temat, jednocześnie odrzucając wszelkie pozytywne wiadomości, co z kolei może wywołać reakcje, gdy ktoś zasugeruje negatywne implikacje na ich temat. Ich osąd zostaje zaciemniony przez emocje, ponieważ opiera się w dużej mierze na emocjach, a nie na logice – często skutkuje to podejmowaniem stronniczych decyzji ze względu na stronniczość w ocenie opartej na doświadczeniu lub powiązaniach emocjonalnych stanowiących podstawę podejmowania ważnych decyzji.

Introspekcyjna natura czwórek ma tendencję do prowadzenia ich wewnętrzną drogą myśli, która czasami jest zbyt głęboka dla ich komfortu, prowadząc je na ścieżki negatywnego myślenia, które ostatecznie zmniejszają ich poczucie własnej wartości i prowadzą do niezrozumienia przez innych ludzi.

Uczucia czwórek są ich największym atutem; pomagają im czuć się połączonymi ze światem i innymi ludźmi. Dodatkowo Czwórki są doskonale świadome emocji innych osób – często bardziej niż same siebie! Niestety, Czwórki mają tendencję do zbyt długiego skupiania się na swoich emocjach, co sprawia, że wydają się one głębokie, intensywne i nastrojowe.

Czwórki wierzą, że doświadczanie emocji – smutku czy szczęścia – pozwala im odkryć, kim naprawdę są. Ich emocje często zmieniają się wraz ze zmianami w otaczającym ich świecie, chociaż smutek, tęsknota i strata mają na nie większy wpływ niż szczęście i mogą sprawiać, że wydają się melancholijne lub oddalone od społeczeństwa. Niestety, często traktują wszystko zbyt poważnie i potrzebują odrobiny beztroski w swoim życiu.

Osoby typu czwartego są zwykle wyjątkowymi jednostkami, które wyróżniają się z tłumu swoim indywidualistycznym stylem i talentem, co często sprawia, że wyróżniają się w tłumie. [7]

Enneagram Typ 5 – Cichy Badacz

Piątki są znane ze swojej introspekcyjnej natury, napędzanej wewnętrznym pragnieniem odkrycia prawdy i zrozumienia innych w celu podejmowania decyzji. Próbując zrozumieć swoje otoczenie, Piątki przywiązują dużą wagę do wiedzy i obiektywizmu podczas podejmowania decyzji w oparciu o obiektywną wiedzę. Piątki również przedkładają niezależność ponad wszystko inne i pozostają świadome oszczędności finansowych, zamiast prosić innych o pomoc lub prosić innych o wsparcie przy podejmowaniu decyzji finansowych; ponadto szanują prywatność, dając innym wystarczająco dużo miejsca do życia.

Inni często postrzegają Piątki jako mądre i wizjonerskie, pozbawione przywiązań, które umożliwiają znaczące relacje z ludźmi. W najgorszym przypadku Piątki mogą wydawać się inteligentnie aroganckie lub odłączone od swoich emocji, ponieważ często wycofują się w stany introspekcyjne, próbując nadać sens otaczającemu je światu.

Piątki skupiają swoje działania wokół cieszenia się samotnością i własnym towarzystwem, przywiązując dużą wagę do „prywatności", chociaż każdy może ją definiować inaczej. Wykorzystują czas w samotności, aby naładować zasoby i wyznaczyć granice z innymi, będąc niezależnymi – często obejmuje to wprowadzanie zmian w rutynach lub otoczeniu, aby zachować niezależność bez uzależniania się. Zmiany te mogą obejmować przyjęcie minimalistycznego stylu życia lub gromadzenie po jednej skrajności lub po drugiej stronie.

Piątki wydają się być konserwatywne w sposobie wykorzystania dostępnych zasobów, ponieważ może to utrudniać ich niezależność. Mogą wydawać się zdystansowani lub bezinteresowni, dopóki nie pojawi się coś, co ich zainteresuje – wtedy zauważysz, że są bardzo wrażliwi i komunikatywni, dzieląc się informacjami z innymi.

Myślenie jest podstawą ich istoty, ponieważ mocno wierzą, że wiedza jest potęgą. Pragnienie wiedzy skłania ich do dogłębnego zgłębiania informacji; Jeśli coś ich zainteresuje, dołożą wszelkich starań, aby to opanować i zyskać pozycję ekspertów w tej dziedzinie.

Umysł jest świętą przestrzenią, w której mogą znaleźć ukojenie od reszty życia. Osoby posiadające ten talent potrafią organizować informacje w różne przedziały w swoim umyśle – czy to wydarzenia, daty, czy jakiekolwiek inne fakty – aby utrzymać zainteresowanie różnymi tematami, jednocześnie tworząc wyraźne granice pomiędzy różnymi aspektami relacji i życia.

Na ich stany emocjonalne duży wpływ mają możliwości ich mózgu, ponieważ mają tendencję do rozumienia swoich emocji poprzez intelektualizację i ufanie swojemu umysłowi, że je zrozumie. Niestety, utrudnia im to oddzielenie uczuć od myśli, co często powoduje, że są wyczerpani po emocjonujących wydarzeniach lub otwartych projektach.

Ciągłe zarządzanie osobistymi zasobami i energią może doprowadzić do wyczerpania, jednak umiejętność oderwania się od uczuć może pomóc w skuteczniejszym zarządzaniu energią. Odłączając się, zyskują władzę nad tym, kiedy powtórzyć lub przeżyć uczucia w dogodny dla siebie sposób, co pozwala na dalsze przetwarzanie emocjonalne w dogodny dla nich sposób. Ich zachowanie dystansu emocjonalnego spełnia dwie funkcje – pozwala im łatwiej kontrolować emocje, a także chroni przed zranieniem i bólem; niestety ten mechanizm radzenia sobie czasami powoduje, że wydają się zimne lub odległe od innych; jednak ta strategia tworzy introspekcyjną i zrównoważoną osobowość.

Typ piąty to rzadkie typy osobowości. Ankieta przeprowadzona wśród 54 000 korespondentów wykazała, że średnio tylko 10% uczestników zalicza się do tego typu osobowości, przy czym częściej występuje on wśród mężczyzn niż kobiet (14% w przypadku mężczyzn i 7% w przypadku kobiet).

Enneagram Typ 6 – Lojalne sceptyczne szóstki kierują się silnym pragnieniem przynależności i bezpieczeństwa; to wpływa na ich decyzje i relacje. Dążąc do bezpieczeństwa w każdej sytuacji, szóstki cenią ludzi, którzy okazują lojalność, a jednocześnie są odpowiedzialni; często wykazują się odwagą, będąc jednocześnie głęboko związani ze sobą - w zamian dając otaczającym ich ludziom dary zaufania i oddania. Niezdrowe szóstki mają tendencję do nadmiernego martwienia się, pozwalając, aby strach osłabił ich mechanizmy obronne, przez co wyglądają na podejrzliwe, wątpiące lub niespokojne.

Ich wewnętrzny dialog mówi im, że świat może być niebezpiecznym i okrutnym miejscem, więc bycie przygotowanym i lojalnym wobec tych, na których ci zależy, to kluczowe składniki przetrwania. Starają się nie bać tego, co ich czeka na zewnątrz, i pozostają czujni, zawsze chroniąc się przed jego okrucieństwem.

Szóstki zazwyczaj wykazują jeden z dwóch wzorców działania. Albo przejawiają strach i zachowania unikające, aby uniknąć sytuacji przytłaczających emocjonalnie, albo próbują stawić czoła lękowi, stawiając mu czoła. Większość szóstek plasuje się gdzieś pomiędzy tymi skrajnościami; ich zachowanie będzie się zmieniać w zależności od okoliczności w ich życiu.

Niektóre osoby należące do tego typu osobowości często podejmują ryzykowne zachowania, aby udowodnić sobie i innym, że są odważne i nieustraszone, niezależnie od tego, czy objawia się to ryzykownymi przygodami, czy słownymi działaniami skierowanymi przeciwko osobom o wzorach kontrfobicznych. Szóstki są znane z tego, że pracują pilnie, konsekwentnie, z poświęceniem i konsekwencją, przywiązując jednocześnie dużą wagę do odpowiedzialności, lojalności i całkowitego poświęcenia się każdemu wykonywanemu zadaniu. Ich godna podziwu etyka pracy czyni z nich wartościowych pracowników, co sprawia, że inni ludzie chętnie powierzają im projekty.

Szóstki mają tendencję do unikania problemów, jeśli to możliwe. Jednak w obliczu nieprzyjemnej sytuacji ich wzorce myślenia motywują ich do krytycznej analizy zagrożeń i ryzyka, aby zachować dostrojenie do otoczenia i rozpoznać wszystkie możliwe wyzwania i problemy, które mogą się pojawić. Chociaż potrafią szybko i skutecznie rozwiązywać własne problemy, ich odpowiedź może czasami zawierać „tak, ale", co utrudnia komunikację między wszystkimi zaangażowanymi stronami.

Osoby o tym typie osobowości są świadome swojego autorytetu w swoim myśleniu. Chociaż czują się chronieni i wspierani przez autorytety, martwią się również, że inni ich zawiodą lub zawiodą. Ich proces myślowy polega na zadawaniu sobie wewnętrznych pytań, które służą jako „wewnętrzne komitety", podczas których bada się wiele niewyrażonych emocji obok tych oczywistych.

Ich uczucia często koncentrują się wokół niepokoju, ponieważ w codziennych kontaktach skupiają się na najgorszych scenariuszach, często doświadczając paniki lub lekkiego zmartwienia; lub bardziej intensywne formy, takie jak terror i strach. Ich reakcja emocjonalna pozwala na szybki dostęp w dowolnym momencie; ale niestety oznacza to powtarzanie w myślach niepokojących scenariuszy, nawet jeśli sprawy w życiu układają się pomyślnie; tendencję do pomijania pozytywnych emocji, zamiast tego skupiania się na negatywnych.

Będąc głęboko zestrojonymi ze swoimi uczuciami, wiele osób ma tendencję do nieświadomego rzutowania swoich emocji, nadziei, myśli i lęków na osoby znajdujące się przed nimi. Ich własne wątpliwości i niepewność często objawiają się trudnym zachowaniem, które powoduje problemy dla innych.

Osoby z osobowością typu szóstego można rozpoznać po ich zdolności do płynnego wpasowania się w każde środowisko i zawsze starają się wspierać swoich najbliższych.

Enneagram typ 7 – entuzjastyczny wizjoner

Osoby należące do typu osobowości Siódmy są niezwykle entuzjastycznie nastawione do życia, zawsze zmotywowane do maksymalizacji jego przyjemności, unikając jednocześnie konfliktowych sytuacji. Z natury Siódemki są optymistami – zawsze poszukują możliwości, które inspirują ich w życiu i wykorzystują te możliwości, gdy są dostępne. Postrzegają życie jako przygodę, która pobudza ich spontaniczność i docenianie wszystkiego, co ich otacza; chociaż inni mogą postrzegać Siódemki jako spokojne, gdy są w „trybie teraźniejszym", ponieważ czerpią przyjemność ze spontanicznych zajęć; ze względu na tę spontaniczną naturę mogą wydawać się niezaangażowani lub nawet nieskoncentrowani z powodu pragnienia przypływu adrenaliny w życiu!

Ich zachowania skupiają się na szukaniu sposobów na ucieczkę od rutyny i monotonii w życiu, dlatego aktywnie poszukują zajęć lub ludzi, którzy dodają im emocji i przygód. Nigdy nie boją się próbować nowych rzeczy, czasami porzucają niedokończone zadania na rzecz bardziej ekscytujących przedsięwzięć.

Siódemki starają się pozostać aktywne i pewnie posuwać się do przodu. Ich energia polega na podejmowaniu z zapałem każdego wyzwania; przypływ adrenaliny płynący z każdego wybuchu podniecenia dodaje im sił. Pod presją ten typ osobowości może zmieniać plany lub wykonywać wiele zadań jednocześnie, aby pomyślnie wykonać zadania. Kiedy podejmują nowe wysiłki, ich ciała często prześcigają umysły – oznacza to, że ich wysoki poziom energii często objawia się ciągłym ruchem lub napiętą mową ciała – dając innym wrażenie, że są niespokojni, ale to po prostu ich sposób na utrzymanie zaangażowania!

Wzorce myślenia siódemek są napędzane przez aktywny umysł, który płynnie przechodzi między pomysłami i powiązaniami bez wysiłku, angażując je do odkrywania tego, co wzbudza ich zainteresowanie i przynosi natychmiastową satysfakcję. Dlatego ich wzorce myślenia obejmują szybkie przetwarzanie mentalne i połączoną stymulację. Siódemki są skłonne mieć mnóstwo opcji i nie lubią czuć się pod żadnym względem ograniczone; posiadanie opcji zapewnia im wolność; ich bystry dowcip pozwala im zdobywać wiedzę z wielu dziedzin, co zachęca do innowacyjności i kreatywności, ponieważ mają pod ręką mnóstwo danych, z których mogą czerpać.

Lubią także dzielić się swoimi pomysłami z innymi, ponieważ dzięki temu czują się zainspirowani i zaangażowani w życie. Kiedy pojawiają się nowe informacje, zwykle szybko je chwytają, a po drodze odkrywają jeszcze więcej.

Siódemki mają tendencję do doświadczania pozytywnych krajobrazów emocjonalnych, które manifestują się poprzez energiczne i optymistyczne osobowości, co sprawia, że inni postrzegają Siódemki jako osoby optymistyczne, radosne i entuzjastyczne. W obliczu negatywnych emocji, takich jak nuda, smutek, niepokój lub strach, instynktownie szukają sposobów na szybkie obrócenie tych negatywnych uczuć, aby szybciej uniknąć dyskomfortu.

Naturalna skłonność siódemek do pozytywnych emocji często powoduje, że patrzą na negatywne doświadczenia z optymizmem, postrzegając je jako doświadczenia edukacyjne lub możliwości. Niestety, ta racjonalizacja utrudnia wzięcie odpowiedzialności za działania, gdy sprawy przybierają niekorzystny obrót; ale ma też tę zaletę, że utrzymuje pozytywne nastawienie i pomaga zachować optymistyczną perspektywę życia.

Siódemki zwykle bardzo chronią swoją przestrzeń osobistą i nie lubią, gdy kwestionuje się ich umiejętności. Jeśli rzucisz wyzwanie Siódemce, przygotuj się na stawienie czoła ich gniewowi. W obliczu niewygodnych lub trudnych sytuacji Siódemki niestrudzenie pracują, aby poprawić nastrój żartami lub wygłaszać beztroskie wypowiedzi, aby złagodzić napięcie i przywrócić równowagę, angażując się w wywołujące śmiech anegdoty.

Badanie Truity wykazało, że Enneagram typu siódmego obejmował 9 procent ankietowanych spośród 54 000 uczestników.[8]

Enneagram Typ 8 - Aktywny Challenger Typ Ósemki kierują się potrzebą udawania silnego i unikania okazywania bezbronności tak bardzo, jak to możliwe, co prowadzi ich do bezpośredniego i skutecznego radzenia sobie z sytuacjami, w które się angażują. Szybko przejmują kontrolę nad sytuacjami poprzez kontrolowanie to z bezpośredniością. Ósemki radzą sobie dobrze, gdy stawiane są im wyzwania, i postępują uczciwie, wykorzystując swoje prawe poczucie sprawiedliwości, aby chronić innych. W najlepszym wydaniu Ósemki wydają się być głęboko opiekuńcze, a jednocześnie silne i przystępne. Kiedy Ósemki działają zgodnie z rzeczywistością, obdarowują nas wszystkich niewinnością. Jednak w najgorszych sytuacjach Ósemki mogą wydawać się agresywne, dominujące i pożądliwe, co stanowi część ich strategii mającej wyglądać na potężniejszą niż życie w często okrutnym świecie. Wierzą, że kontrolując sytuacje, łatwiej poradzą sobie z niesprawiedliwością.

W sercu Enneagramu mieszkają ósemki. Ich istotą jest podejmowanie działań w oparciu o instynkt, a nie nierobienie niczego, często objawiające się intensywną i bezpośrednią mową, doborem słów, mową ciała i stylem podejmowania decyzji. Ósemki uwielbiają przejmować kontrolę i sprawiać, że wszystko dzieje się na własnych warunkach; niezależność pozwala im realizować projekty, które uznają za satysfakcjonujące.

Współpraca z innymi nie jest dla Ósemek czymś naturalnym; robią to z obowiązku. Ósemki są dumne z utrzymywania kontroli, często same zarządzają wydarzeniami w sposób mikro, a w razie potrzeby często kończą na mikrozarządzaniu innymi. Ich szybkie działania dobrze im służą, gdy inni są przytłoczeni i niesforni — szybko wkraczają, przejmują kontrolę i skutecznie rozwiązują problemy, bez wahania i opóźnień.

Mikrozarządzanie może nie jest ich ulubionym zajęciem, ale pozwala im kontrolować sytuację i generuje wyniki – dlatego robią wszystko, co konieczne, aby osiągnąć ten cel.

Ósemki nie tolerują niekompetencji i słabości osób, za które biorą odpowiedzialność, ale zaciekle chronią tych, którymi zarządzają. Kiedy ktoś, na kim im zależy, jest traktowany niesprawiedliwie, Ósemki będą niestrudzenie walczyć o utrzymanie sprawiedliwości i naprawienie wszelkich niesprawiedliwości, jakie im wyrządzono.

Ósemki mają tendencję do kategoryzowania ludzi na słabych lub silnych i zgodnie z tym postępują, często zwracając większą uwagę na określone osoby w oparciu o metodę oceny „wszystko albo nic". Ósemki mają tendencję do faworyzowania szczerości nad dwuznacznością w sytuacjach konfliktowych, wolą prawdę od pozostawania poza obiegiem informacji, ponieważ to sprawia, że czują się bezsilne w danej sytuacji; wyposażenie się w jak najwięcej informacji o aktualizacjach, postępach i wydarzeniach pomaga Ósemkom efektywniej skupiać się na szerszej perspektywie.

Dla tych osób kluczowe jest skupianie się bardziej na własnych motywach niż na motywach innych; nie doceniają tego, że są zmuszani do robienia rzeczy, które nie sprawiają im przyjemności lub są nudne, ponieważ marnuje to ich energię w sposób nieefektywny.

Ósemki mają złożone wzorce emocjonalne. Mają tendencję do szybkiego wpadania w złość i odpowiednio reagują, ale po szybkim wyładowaniu swojej złości szybko się z niej wycofują. Ponieważ Ósemki starają się unikać poczucia bezbronności, zwykle nie wyrażają otwarcie uczuć smutku i słabości – zamiast tego wolą rozpoznawać te uczucia tylko wtedy, gdy są bezpieczne – okazując miłość poprzez władzę i ochronę jako część swojej tożsamości.

Badanie Truity, w którym wzięło udział 54 000 uczestników, wykazało, że 15% ludzi zalicza się do ósmego typu Enneagramu; tymi ludźmi byli głównie mężczyźni.

Enneagram Typ 9 – Adaptacyjny Rozjemca
Dziewiątki zwykle pełnią rolę mediatorów, kierując się chęcią stworzenia harmonii w swoim otoczeniu. W związku z tym starają się akceptować i przychylnie odnosić się do otaczających ich osób, jednocześnie stawiając na pierwszym miejscu zaprowadzanie pokoju we wszystkim, co robią – pozwala im to unikać konfliktów, gdy tylko jest to możliwe.

Większość świata postrzega Dziewiątki jako energiczne, doświadczone i świadome jednostki, które starają się realizować działania przynoszące korzyści otaczającym ich osobom. Jednak w najgorszym przypadku Dziewiątka może wydawać się uparta, leniwa lub samozaparcia; dzieje się tak, ponieważ dogadują się ze wszystkimi, aby zachować pokój, ale potem cenią potrzeby innych ponad własne i powodują poczucie dyskomfortu zarówno u siebie, jak i u osób, z którymi wchodzą w interakcje. Jednak ich samozadowolenie przyciąga innych, a jednocześnie sprawia, że ludzie czują się swobodnie w ich obecności.

Dziewiątki mają tendencję do podejmowania działań w oparciu o chęć uniknięcia kontroli innych poprzez manipulację otoczeniem lub bierny opór, gdy coś nie jest dla nich komfortowe. Ich działania lub ich brak będą prawdopodobnie motywowane utrzymaniem pokoju i harmonii, ponieważ nie mogą tolerować konfliktów.

Komfort można znaleźć dzięki znajomym rutynom i rytmom, które są dla nich intrygujące, podczas gdy ten typ osobowości lubi tworzyć znaczące połączenia, które skutkują łączeniem energii bliskich mu osób, często objawiając się poprzez przejmowanie nawyków lub zainteresowań osób obecnych w ich intymnych przestrzeniach .

Wzorce myślenia Dziewiątek dobrze nadają się do ustrukturyzowanych procesów; dlatego też priorytetowo traktują szczegóły i przejrzystość, gdy podchodzą do zadań lub szybko tworzą nawyki lub procedury. Kiedy Dziewiątki otrzymają dużą ilość informacji, szybko zorganizują je w swoich umysłach w uporządkowaną strukturę, która pozwoli im wszystko zrozumieć.

Dziewiątki mają zazwyczaj silną wolę i są wytrwałe, jednak mają tendencję do zachowywania swoich opinii dla siebie, aby nie sprawiać wrażenia apodyktycznych wobec innych. Niestety, powoduje to, że są niezadowoleni z niektórych aspektów swoich związków lub życia.

Ich postawa może wydawać się zrelaksowana i zrównoważona, jednak doświadczają intensywnych emocji z wielką intensywnością, co wymaga z ich strony wysiłku, aby je kontrolować i sprawiać wrażenie spokojnych, pogodnych i przystępnych. Ich intensywne emocje motywują je do utrzymywania harmonii między ludźmi, ponieważ rozumieją, jak uczucia wpływają na zachowanie.

Choć doskonale sprawdzają się w roli pokojowych mediatorów w sytuacjach konfliktowych, Dziewiątki mają tendencję do unikania bezpośredniego angażowania się w negatywne emocje, takie jak gniew; takie połączenia zwykle wysysają z nich energię i często też nie przyznają się do tych uczuć. Dlatego starają się nie doświadczać ich zbyt intensywnie. Co więcej, większość Dziewiątek to empatki, które wyczuwają emocje bliskich im osób i często wychwytują energię dzieloną między ludźmi, jeśli ich otoczenie jest pozytywne i entuzjastyczne; i odwrotnie, w obliczu smutnych lub niespokojnych osób ich nastrój może również dramatycznie się pogorszyć.

Uczniowie klas dziewiątych stanowią 13% respondentów w badaniu Truity; większość z nich to kobiety.

Dziewięć typów osobowości przedstawionych na kole Enneagramu można podzielić na typy serca, głowy i ciała. Typy serca obejmują typy od drugiego do czwartego, które opierają się na inteligencji emocjonalnej w nawigacji przez życie i łączeniu się z otaczającymi ich ludźmi; Typy głów obejmują typy od piątego do siódmego, które opierają się na intelektualnym przetwarzaniu sytuacji; podczas gdy typy ciała od pierwszego do dziewiątego wykorzystują instynkty i przeczucia, reagując w sytuacjach.

Naukowcy na przestrzeni dziejów badali różne metodologie zrozumienia ludzkiej osobowości. Jeden z takich testów, znany jako Test osobowości Wielkiej Piątki (OCEAN), wykorzystuje markery Wielkiej Piątki pochodzące z Międzynarodowej Puli Pozycji Osobowości Goldberga wprowadzonej w 1992 roku jako metodę analizy czynnikowej w celu zbadania odpowiedzi statystycznych grup poprzez udzielenie odpowiedzi na pytanie: Jaki jest idealny sposób podsumowania czyjejś osobowości?"[9]

Chociaż zmiennych osobowości nie da się określić ilościowo, odpowiedzi dzielą jednostki na pięć szerokich grup w zależności od ich dominujących cech: (O-otwartość C-sumienność D-ekstrawersja E- ekstrawersja A- ugodowość

N – Neurotyczność Rozumiejąc te typy osobowości, możesz lepiej zrozumieć ludzi poprzez zrozumienie ich potrzeb, budowanie znaczących powiązań poprzez wspólne zainteresowania i odpowiednie dostosowanie swojego zachowania.

Interesującym czynnikiem jest to, że te osobowości mogą być wytworem zarówno natury, jak i wychowania. Rodzice mogą je przekazać dalej lub poszczególne osoby mogą je rozwinąć na podstawie sposobu, w jaki zostały wychowane.

Zagłębmy się w te cechy osobowości i oceńmy, czy większy wpływ ma natura, czy wychowanie.

Otwartość Ta cecha osobowości znana jest z otwartości na nową wiedzę i doświadczenia. Osoby ocenione wyżej na tej skali są zazwyczaj wnikliwe i obdarzone wyobraźnią, a ich zainteresowania są bardzo zróżnicowane; innowacyjność i ciekawość również zajmują w nich ważne miejsce; z drugiej strony osoby zajmujące niższe pozycje mogą być bardziej ostrożne, konsekwentne i zmagać się z abstrakcyjnymi procesami myślowymi. Jeśli chcesz ocenić czyjś poziom otwartości na takiej skali, spróbuj zadać następujące pytania: Czy kochasz przygodę?
Czy Twoja wyobraźnia szaleje? Czy już wcześniej inicjowałeś nowe działania?
Czy jesteś przygotowany na nowe wyzwania?

Odpowiedź „tak" na wszystkie te pytania wskazuje na wysoki poziom otwartości. Osoby o tak wysokim poziomie otwartości lubią wyzwania w życiu i szukają kreatywnych sposobów wyrażania siebie. 57% osób posiada tę cechę dziedzicznie.

Sumienność
Ogólna charakterystyka tej cechy osobowości obejmuje zachowanie zorientowane na cel, troskliwość i dobrą kontrolę impulsów. Sumienni ludzie są świetnymi planistami i myślą przyszłościowo podczas podejmowania życiowych decyzji; ponadto mają dużą świadomość tego, jak ich działania wpływają na innych, a także terminów, które mogą wymagać dotrzymania.
Osoby o wysokich pozycjach na skali sumienności są uważne, zorganizowane i skuteczne w podejściu do zadań i szczegółów. Osoby o niższych pozycjach są zazwyczaj wyluzowane i zrelaksowane. Oto kilka pytań, które pomogą Ci ocenić, na jakim etapie sumienności znajduje się dana osoba:
Czy jesteś dumny ze swojej samodyscypliny?
Czy jesteś zorganizowany i przygotowany na wszystko, co może się wydarzyć? A może wolisz zamiast tego działać spontanicznie? Czy lubisz dotrzymywać harmonogramu, szybko ustalać priorytety zadań i natychmiast zwracać uwagę na szczegóły?

Odpowiedź „tak" na te pytania wskazuje na wysoki poziom sumienności jednostki, o czym świadczy organizacja i porządek w życiu i związkach. Sumienność ma 49% wpływu dziedzicznego.

Cechy ekstrawertyczne można rozpoznać po takich cechach, jak towarzyskość, asertywność, podekscytowanie, ekspresja emocjonalna i gadatliwość. Osoby wykazujące tę cechę osobowości są zazwyczaj towarzyskie i dobrze prosperują, uczestnicząc w spotkaniach towarzyskich.

Osoby, które osiągają wysokie wyniki na skali ekstrawertyzmu, rozwijają się, będąc w centrum uwagi i ciesząc się przebywaniem wśród ludzi. Z kolei osoby o niskich wynikach (introwertycy) uważają interakcje społeczne za wyczerpujące i lubią samotność bardziej niż towarzystwo innych ludzi.

Aby zrozumieć u kogoś ekstrawersję, zadaj następujące pytania: 8.5 Czy masz trudności z byciem w centrum uwagi podczas spotkań lub inicjowaniem rozmów w sytuacjach towarzyskich? Czy lubisz poznawać nowych ludzi i masz duży krąg znajomych lub przyjaciół?

Czy masz tendencję do wyrażania opinii na głos, zanim o nich pomyślisz?

Jeśli zgadzają się z tymi pytaniami, uzyskują wysokie wyniki w skali ekstrawersji. Jeśli znajdziesz się w towarzystwie osób, które uzyskują niższe wyniki w tej skali, staraj się nie zmuszać ich do zostania ekstrawertykiem, zachęcając do nadmiernej rozmowy lub popychając ich do spotkań towarzyskich; osoby o introwertycznych cechach osobowości mają tendencję do trzymania się bliżej tych i miejsc, które zapewniają emocjonalne pożywienie i komfort.

Cechy ekstrawertyczne mają 54% wpływu dziedzicznego.

Ugodowość

Ten wymiar osobowości obejmuje cechy życzliwości, zaufania, uczucia, altruizmu i inne cechy prospołeczne. Osoby charakteryzujące się wysokim poziomem ugodowości są zwykle współczujące, przyjazne i skłonne do współpracy, podczas gdy osoby o niskim poziomie tej cechy mogą stać się oderwane, analityczne lub konkurencyjne, a czasami nawet popadają w zachowania manipulacyjne.

Zadawaj pytania osobom, aby ustalić, gdzie się znajdują na skali ugodowości: czy łatwo ufają i chętnie dają innym drugą szansę, czy są empatyczne, czy lubią sprawiać innym komfort itp.

Czy z pasją niesiesz pomoc potrzebującym?

Twierdząca odpowiedź na te pytania oznacza wysoką pozycję w skali ugodowości. Osoby uzyskujące niskie wyniki na tej skali często nie doświadczają w sposób naturalny empatii i muszą podejmować świadome wysiłki i zmiany w zachowaniu, aby postawić się w sytuacji innych ludzi i odpowiednio zareagować; Na cechy ugodowości wpływa 42% czynników dziedzicznych.

Neurotyzm Do tego wymiaru osobowości przypisywane są takie cechy, jak zmienność nastroju, niestabilność emocjonalna i smutek. Neurotyczność odnosi się do sposobu, w jaki ktoś radzi sobie ze swoimi emocjami; osoby uzyskujące wysokie wyniki w tej skali są zazwyczaj wrażliwe, łatwo drażliwe i podatne na wahania nastroju; z drugiej strony osoby uzyskujące niższe wyniki są zazwyczaj bezpieczne emocjonalnie i odporne.

Zadając te pytania, można ocenić, gdzie dana osoba znajduje się na skali neurotyczności: (Niepokojący? Łatwy do opanowania? Nawracające zmiany nastroju) Czy trudno jest Ci radzić sobie w stresujących sytuacjach?

Odpowiedź twierdząca na te pytania wskazuje na wysoki poziom neurotyzmu u danej osoby. Znajomość ich czynników wyzwalających i uspokajających będzie korzystna w utrzymaniu nastroju pod kontrolą.
Neurotyczność ma w 48% składową dziedziczną.
Zrozumienie tych cech i ich wpływu na ludzi jest kluczem do lepszej komunikacji i określenia najlepszego sposobu interakcji z osobą stojącą przed tobą.

Teoria temperamentu dr Davida Keirseya
Twórca edukacji i psycholog, dr David Keirsey, przedstawił sortownik temperamentu Keirseya, który dzieli jednostki na cztery grupy temperamentu w oparciu o wzorce aktywności, nawyki komunikacyjne, postawy charakteru, talenty i wartości – biorąc pod uwagę wpływ każdej osoby na miejsce pracy w odniesieniu do osobistych potrzeb .
Dr David Kersey stwierdza, że osobowość ludzką można podzielić na cztery szerokie grupy w zależności od temperamentu. Każdy temperament ma swój własny zestaw mocnych i słabych stron oraz cech charakteryzujących jego cechy. Te cztery temperamenty obejmują:

Rzemieślnicy Osoby te można łatwo odróżnić od innych dzięki ich wiedzy specjalistycznej w dziedzinach twórczych, takich jak sztuka, literatura i poezja. Ich działania są wyrazem ich kunsztu, a poczucie przygody skłania ich do podejmowania ryzyka lub czasami spontaniczności.

Strażnicy zajmują istotną pozycję w społeczeństwie, współpracując z otaczającymi ich ludźmi i przestrzegając zasad wyznawanych przez tradycyjne kultury. Ich zaangażowanie pomaga utrzymać porządek – stanowią od 40 do 45% populacji.

Idealista Osoby, które skupiają się na samorozwoju i doskonaleniu, prawdopodobnie należą do grupy temperamentu idealistycznego, charakteryzującego się silnym poczuciem lojalności wobec innych, motywacją do podejmowania działań pomagających innym i aktywnym podejmowaniem kroków, które przynoszą korzyść społeczeństwu jako całości. Do tej kategorii temperamentu należy 15–20% populacji.

Racjonaliści, znani ze swojego pragmatycznego i logicznego stylu myślenia, należą do najrzadszych typów osobowości i są znani ze swojej wiedzy na temat rozwiązywania problemów. Kiedy jednak coś pobudzi ich wyobraźnię, mogą zostać tak zanurzeni, że oderwą się od rzeczywistości, przez co inni będą postrzegać je jako dziwne lub odległe.

Tylko 5–10% populacji należy do grupy temperamentu racjonalnego. Doradcy zawodowi często korzystają z Sortownika Temperamentu Keirseya, ponieważ pomaga on ludziom lepiej zrozumieć siebie i poprowadzić ich właściwą ścieżką kariery.

Wszystkie te teorie mają na celu zrozumienie ludzkiej natury, tego, co motywuje jednostki i ich reakcji na określone sytuacje. Dzięki wiedzy gromadzonej przez badaczy przez dziesięciolecia jesteśmy w stanie lepiej czytać ludzi i tworzyć powiązania między nami wszystkimi.

Jak większość ludzi uważa, słuchanie nie jest równoznaczne ze słyszeniem. Ludzie zwykle rozpoczynają rozmowę z nadzieją, że zostaną usłyszani lub że w ogóle ich nie usłyszą – w tym drugim przypadku często zwracamy mniejszą uwagę na to, co mówi druga osoba, niż zamierzaliśmy, a obie strony odczuwają nasz brak zainteresowania jako odczuwany przez innych. obie strony.

Uważne słuchanie może zmienić reguły gry i zdolność rozumienia ludzi. Samo zwracanie uwagi na to, co ludzie faktycznie mówią, może wszystko zmienić: nie ma potrzeby zgadywania, jak ktoś myśli; po prostu słuchaj uważnie, gdy ktoś mówi, jeśli chcesz zajrzeć do czyjejś głowy; zamiast tego zwracaj większą uwagę, gdy ktoś mówi; wielu nie ukrywa swoich myśli i opinii za ścianami ze stali, zamiast tego woli otwarcie mówić o tym, kim jest i nie boi się wpuścić Cię, jeśli tylko słuchasz wystarczająco uważnie!

Nie będziesz odczuwał potrzeby czytania czyichś myśli, jeśli będziesz w stanie dokładnie zinterpretować ich intencje podczas mówienia.

Carl Rogers i Richard Farson po raz pierwszy spopularyzowali termin „aktywne słuchanie" w 1957 roku, a jego definicja z czasem stała się powszechnie uznawana. Słuchanie aktywne i pasywne to dwie formy słuchania. Aby uzyskać najlepsze rezultaty odsłuchu, należy priorytetowo traktować aktywne słuchanie. Aby naprawdę się na kimś skupić, należy przedłożyć aktywne słuchanie nad bierne.

Aktywne słuchanie wymaga obecności umysłu, cierpliwości i umiejętności słyszenia bez poczucia, że trzeba odpowiedzieć. Skoncentruj się na zrozumieniu tego, co komunikuje druga osoba, jednocześnie powstrzymując się od chęci przerwania. Za każdym razem, gdy poczujesz, że masz coś lepszego do dodania, zdecyduj się poczekać. Za każdym razem, gdy rozmawiamy, tracimy szansę na rozwój. Dając komuś bezpieczną przestrzeń do wyrażania siebie, możesz zyskać cenne informacje. Pozwól komuś innemu trzymać Cię za rękę i poprowadzić Cię w intymną podróż po jego umyśle!

Nie ma potrzeby zgadywania i czytania między wierszami! Po prostu pozwól drugiej osobie mówić bez przerywania i oceniania - w ten sposób dowiesz się o niej więcej niż przy jakiejkolwiek innej strategii!

Ludzie uwielbiają opowiadać o sobie! Skorzystaj z tej naturalnej tendencji, okazując prawdziwe zainteresowanie i zadając dociekliwe pytania, aby odkryć wszystkie informacje o sobie, które mogą ujawnić.

Użyj mowy ciała jako wsparcia
Rozmowa z kimś, kto nie patrzy na nic za Twoim ramieniem, nie jest ani przyjemna, ani zachęcająca, więc podczas komunikacji upewnij się, że mowa ciała odzwierciedla Twoje zainteresowanie. Odwracaj się w ich stronę, często się uśmiechaj i kiwaj głową,

utrzymując kontakt wzrokowy – nie wyglądaj na znudzonego ani niezainteresowanego, ponieważ szybko stanie się to oczywiste i okaż im brak szacunku, gdy dowiesz się więcej o ich tożsamości.

Redukcja zakłóceń

Ważne jest, aby Twój umysł był wolny od zakłóceń. Kiedy ktoś inny mówi, powstrzymaj się od tworzenia w myślach list lub odpowiadania na e-maile w trakcie tej rozmowy; być obecnym. Należy usunąć wszystko, co rozprasza uwagę: odsuń telefon od bezpośredniej linii wzroku, aby nie kusił Cię do jego podnoszenia lub sprawdzania powiadomień za każdym razem, gdy zadzwoni!

Kiwaj głową z zachętą i odpowiadaj na ich historie

Pamiętaj, aby zachęcająco kiwać głową, pochylać się do przodu i odpowiednio reagować, gdy słuchasz historii, aby pokazać, że jesteś głęboko zaangażowany, ale nie przesadzaj, aby wyglądać na stanowczego. Istnieją różne sposoby pokazania, że słuchasz; tu jest kilka:

* Odpowiadaj swoim ciałem. Na przykład szersze otwarcie oczu lub zaciśnięcie pięści może działać jako wskazówka, że coś jest nie tak – może to być szok, zaskoczenie, rozczarowanie lub podekscytowanie.

*Przeformułuj swoje oświadczenie. Na przykład, jeśli powiedzą Ci, że ogólnie wolą marchewki od innych warzyw, odpowiadając coś w stylu: „Chcesz powiedzieć, że ze wszystkich warzyw na ziemi wolisz marchewki?" Aby pokazać, że zwracasz uwagę, powtórz na głos to, co powiedzieli rozmówcy, aby druga osoba wiedziała, że usłyszałeś i zrozumiałeś jej punkt widzenia. To pokazuje Twoje zainteresowanie i pokazuje, że Ci zależy.

* Poproś, aby powtórzyli. Chociaż może się to wydawać niegrzeczne, takie postępowanie pokazuje, że szanujesz każde słowo, którym się dzielą, i gwarantuje, że nie przegapisz niczego ważnego.

Samo słuchanie może pomóc Ci zdobyć znacznie więcej wiedzy o ludziach niż jakiekolwiek inne podejście. Kiedy słuchamy, gdy ktoś mówi i zadajemy trafne pytania, możemy dowiedzieć się o wiele więcej niż w przeciwnym razie! Okaż innym prawdziwe zainteresowanie, a oni otworzą dla Ciebie swoje gry umysłowe, abyś mógł je odkrywać!

Czy kiedykolwiek poszedłeś na randkę i zastanawiałeś się, co myśli lub czuje druga osoba? Idealnie byłoby, gdyby były znaki informujące nas o postępie spotkania. Cóż... jest! Język ciała to nieświadomy sposób przekazywania tego, jak ktoś się czuje; właściwie zinterpretować jego sygnały. Czasami te podświadome sygnały wychodzą na jaw nieświadomie. Badania UCLA[12] ilustrują tę kwestię; tylko 7% komunikacji odbywa się za pomocą tego, co mówimy (tj. słów), 38% za pomocą tonu, a 55% za pomocą mowy ciała – nauka interpretacji tych 55% może dać przewagę w zrozumieniu ludzi.

Zatem następnym razem, gdy pójdziesz na randkę lub będziesz uczestniczyć w jakimkolwiek spotkaniu towarzyskim, zwróć uwagę na te subtelne sygnały:

* Uśmiechnięte oczy: Mówią, że oczy są oknem na nasze dusze; to z pewnością prawda! Kiedy ludzie są szczęśliwi, ich uśmiech często może uniknąć ukrycia pomimo prób jego ukrycia, aż w końcu ich skóra wokół oczu zaczyna się marszczyć, tworząc kurze łapki – ujawniając swoją obecność! Czasami ludzie uśmiechają się po prostu z grzeczności lub aby ukryć prawdziwe uczucia – więc jeśli chcesz wiedzieć, czy ktoś naprawdę się uśmiecha, po prostu zwróć uwagę na jego oczy!

*Skrzyżowane nogi i ramiona: Skrzyżowanie nóg i ramion tworzy fizyczną barierę przeciwko osobom stojącym przed nimi i oznacza opór, nawet jeśli ich słowa lub uśmiech wskazują inaczej. Interpretacja psychologiczna sugeruje, że ta mowa ciała wskazuje na osobę oddaloną emocjonalnie, psychicznie lub fizycznie od wszystkiego, co ją czeka.

* Uniesione brwi: Kiedy ktoś podnosi brwi, może to oznaczać zmartwienie, strach lub zaskoczenie. Trudno to zrobić w zwykłej rozmowie; spróbuj je podnieść, pijąc kawę ze znajomymi, a natychmiast zauważysz różnicę.

* Odwzorowujący język ciała: Czy kiedykolwiek spotkałeś osobę odzwierciedlającą Twoją mowę ciała, przechylając głowę w ten sam sposób lub krzyżując nogi dokładnie w tym samym momencie co Ty? To pokazuje, że są zainteresowani tym, co mówisz i podświadomie, nieświadomie, z szacunku cię kopiują; jeśli stanie się to na randce, może to być bezcenne!

* Zaciśnięta szczęka: Kiedy angażujesz się w sytuacje konfliktu lub sporu, jedną z cech, która szybko staje się oczywista, jest zaciśnięta szczęka, zmarszczone czoło lub napięta szyja – ponieważ dyskomfort wywołuje napięcie fizyczne w ciele, które objawia się sygnałami stresu, które powodują tę reakcję.

* Przesadne kiwanie głową: Jeśli ktoś odpowiada wielokrotnym kiwaniem głową w odpowiedzi na to, co mówisz, nie oznacza to, że zgadza się z tym, co mówisz – raczej pokazuje niepokój w jego imieniu i chęć zadowolenia ciebie poprzez odpowiednie kiwanie głową.

Nawet jeśli nie możesz bezpośrednio czytać czyichś myśli, nadal możesz obserwować mowę ciała tej osoby i interpretować jej prawdziwe uczucia. Nauka psychologii ludzi to proces uczenia się przez całe życie, który staje się coraz lepszy wraz z doświadczeniem. Odblokowanie motywacji stojących za ich działaniami i powiązanie ich z cechami osobowości zapewnia głębszy wgląd w to, jak działają nasze umysły i jak można je rozplątać.

Czy zastanawiałeś się kiedyś, jak Twój wkład wpływa na rozmowę? Zrozumienie ludzi wymaga nie tylko obserwowania, co robią inni, ale także obserwacji samych działań. Komunikacja jest dwukierunkowa; aby postępować właściwie, musisz wykonać swoją część, rozumiejąc i dostosowując się do tego, co komunikuje ci druga strona.

Nikt nie jest w stanie dokładnie odczytać ludzi, jeśli jesteś pełen uprzedzeń i przekonań, które uniemożliwiają ci zobaczenie pełnego obrazu sytuacji. Zanim zaczniesz obserwować innych, konieczne jest zdobycie dogłębnej wiedzy o sobie – o tym, jak się zachowujesz, myślisz i postrzegasz ludzi.

W tej części badamy Twoje wewnętrzne przekonania, aby ustalić, czy jakiekolwiek uprzedzenia, uprzedzenia lub ograniczone zrozumienie ludzkiej natury utrudniają komunikację lub postrzeganie innych.

Pamiętacie, jak Donald Trump napisał na Twitterze: „Jestem bardzo stabilnym geniuszem"? Jego odpowiedź spotkała się z krytyką ze strony komików i dziennikarzy za brak samoświadomości, jednak większość ludzi zawodzi w tej dziedzinie, co często prowadzi do trudności w zrozumieniu innych. Choć na początku może to wydawać się mylące, „każda osoba jest twoim lustrem", więc aby w pełni zrozumieć inną osobę, musisz najpierw w pełni zrozumieć siebie! Jest to coś, o czym większość ludzi nie zdaje sobie sprawy!

To prowadzi nas do następnego pytania (tj. jak poznać siebie). Cóż, jest to rozległy proces, który wymaga brutalnej szczerości wobec siebie – czasami może to wydawać się łatwe lub łatwe, ale czasami to wyzwanie staje się największym w całym twoim życiu! Na przykład czasami nasza złość lub wybuchy emocji mogą wydawać się uzasadnione, ponieważ wywołały je inne osoby; jednak naszym obowiązkiem jako jednostki jest kontrolowanie naszych reakcji, zamiast przypisywać im winę.

Martwe punkty definiuje się jako cechy widoczne dla innych, ale niewidoczne dla nas samych. Psycholog Simine Vazire przeprowadził eksperyment, aby sprawdzić tę teorię.[13] Poprosił uczestników, aby ocenili siebie i czterech przyjaciół pod kątem różnych cech, takich jak inteligencja, stabilność emocjonalna, asertywność i kreatywność, aby zobaczyć, kto może dokładniej przewidzieć, kto lepiej przewidział osobowość i cechy każdej osoby: albo oni sami, albo ich przyjaciele. Celem było ustalenie, który z nich dokładniej przewiduje osobowość.

Wyniki wykazały, że ludzie byli bardziej świadomi własnej stabilności emocjonalnej w porównaniu do stabilności emocjonalnej swoich przyjaciół, na przykład podczas wystąpień publicznych lub tego, jak bardzo są zestresowani podczas zabierania głosu w dyskusjach grupowych. Przyjaciele mieli lepszy wgląd w to, czy asertywny kandydat brał udział w testach kreatywności lub IQ, lub przewidywali jego wyniki.

Twoja zdolność do zrozumienia swojej emocjonalnej przepustowości przejawia się w jej większej widoczności dla innych, niż byłoby to możliwe w innym przypadku.

Cechy, które są bardziej widoczne dla innych ludzi niż dla ciebie, mogą pozostać dla ciebie tajemnicze. Śpiewanie w barze karaoke wymaga przekonania zarówno siebie, jak i słuchaczy, że Twój talent istnieje, ale to oni najlepiej potrafią ocenić Twój styl śpiewania i zakres głosu.

Ludzie mają tendencję do przeceniania swojej inteligencji, a ten wzorzec częściej obserwuje się wśród mężczyzn niż kobiet. Ludzie mają również tendencję do przeceniania swojej hojności, ponieważ hojność jest postrzegana jako cecha godna podziwu. Ludzie również błędnie wierzą, że nie są stronniczy ani osądzający, bo kto przyznałby się do takich roszczeń wobec siebie?

Jak możesz oczyścić się z tego niewyraźnego obrazu siebie i wyraźnie zobaczyć siebie w lustrze? Ilekroć jakiś aspekt ciebie jest dla ciebie trudny do zaakceptowania, poproś najbliższych o wsparcie w podniesieniu dla ciebie lustra. Przyjaciele, rodzice lub partnerzy mają zazwyczaj lepszy wgląd w to, kim naprawdę jesteś, niż ktokolwiek inny; jednak ich wrażenie może również zostać przyćmione z powodu miłości lub uprzedzeń, jakie mają przeciwko tobie.

Twoje VITALS tworzą Twoją osobowość; zrozumieć ich. Obejmują one:

Wartości (V), Zainteresowania (I), Temperament (T), Całodobowe zajęcia i cele (ATC), Misja i cele życiowe (LMG) są ważne dla udanego życia.

S – Umiejętności/mocne strony

Rozpoznanie swoich wartości – takich jak pomaganie innym, bycie uczciwym, życzliwym – stanowi podstawę do podejmowania ważnych życiowych decyzji i wyznaczania celów. Znajomość swoich wartości pomaga Ci przetrwać trudne czasy i utrzymuje motywację na wysokim poziomie! Zapisywanie ich w dzienniku lub pamiętniku okazało się motywować do działań podejmowanych w kierunku samoświadomości! Znając swoje wartości!

* Czy podejmując decyzje, opierasz się na uczuciach czy na faktach? * Jak ładujesz swoje zapasy energii – ekstrawertyk czy introwertyk? * Czy planujesz wszystko skrupulatnie, czy idziesz z nurtem? * Czy szczegóły są dla Ciebie ważniejsze, czy większe pomysły?

Zrozumienie swoich odpowiedzi na takie zapytania pozwoli Ci intuicyjnie umiejscowić się w sytuacjach, które będą sprzyjać rozwojowi, unikając jednocześnie tych, które go ograniczają. Kiedy Twoja osobowość dopasowuje się do otaczającego środowiska, energia jest wykorzystywana do produktywnych projektów, a nie marnowana, i czujesz się mniej wyczerpany niż wcześniej.

Biorytmy lub czynności całodobowe: W tym przypadku należy skupić się na biorytmach lub czynnościach wykonywanych przez całą dobę, na przykład kiedy odczuwasz szczytowy poziom energii: rano czy w południe? Harmonizacja z biologią pozwala zaplanować działania, kiedy przyniosą największe zyski; często te cechy są obecne od urodzenia – wystarczy je tylko rozpoznać i zastosować się do nich.

Łączenie częstotliwości biologicznych z aktywnością przynosi satysfakcjonujące doświadczenia, czyniąc życie znacznie prostszym, gdy nie udajesz kogoś, kim nie jesteś!

Życie staje się szczęśliwsze i bardziej znaczące, gdy rozumiemy misję i cele naszego życia. Jeśli nie jesteś pewien, jak się do tego zabrać, przypomnij sobie wydarzenia, które miały szczególne znaczenie w Twoim życiu i zbadaj ich przyczyny: czy byli to ludzie, których tam spotkałeś, czy tylko uczucie, którego doświadczyłeś? To ćwiczenie może ujawnić ukryte aspekty Twojej osobowości, a także odkryć, co kieruje Twoimi decyzjami zawodowymi lub innymi aspektami.

Kiedy już wiesz, dokąd chcesz zmierzać w życiu, łatwiej jest ocenić, czy posiadasz narzędzia i mocne strony wymagane do osiągnięcia swoich celów życiowych. Mogą one obejmować talenty, zdolności lub umiejętności, a także mocne strony charakteru, takie jak inteligencja emocjonalna, odporność i lojalność – i tak dalej.

Uznanie swoich mocnych stron i umiejętności buduje pewność siebie; pozostawanie nieświadomym ich skutkuje niższą samooceną.

Aby lepiej zrozumieć swoje mocne strony, słuchaj komplementów, ale przyjmuj je skromnie! Na przykład, jeśli ktoś powie Ci, że uwielbia Twój kojący głos, potraktuj to jako okazję do doskonalenia swojego talentu i śpiewania częściej! Ponadto zwracaj uwagę na wszelkie słabości, aby nie zaszkodziły Twojej pewności siebie i nie wymagały działań naprawczych.

Kiedy zyskasz większą samoświadomość i zrozumienie siebie (tj. swoich cech osobowości, mocnych i słabych stron oraz czynników wyzwalających), poczujesz się wzmocniony, wiedząc, że możesz wykorzystać tę wiedzę nie tylko do samorozwoju, ale także do uzyskania lepszego wglądu w otaczających Cię ludzi. Ty. Poznając siebie lepiej, będziesz wiedział, gdzie należy wyznaczyć granice i jakich wyzwalaczy należy unikać, aby nie zakłócać spokoju psychicznego - to wszystkie niezbędne umiejętności, aby dać z siebie 100 procent bez uczucia wyczerpania!

Wiedza to potęga; samowiedza może przynieść pokój.

Zrozum swoje uprzedzenia, uprzedzenia i ograniczenia

Prawdopodobnie słyszałeś historie o uprzedzeniach, w których ktoś został pominięty przy zatrudnieniu lub stał się celem organów ścigania ze względu na rasę, płeć lub narodowość. Nasze naturalne postrzeganie takich ludzi jest takie, że są złymi ludźmi ze względu na swoją uprzedzenia wobec pewnych grup; ale większość nie zdaje sobie sprawy, że badacze zajmujący się mózgiem i psychologią twierdzą, że uprzedzenia i uprzedzenia to na ogół procesy podświadome, które wciąż wpływają na interakcje z innymi i przyczyniają się do niesprawiedliwości społecznej w społeczeństwie.

To zachowanie staje się bardziej oczywiste podczas interakcji z ludźmi spoza najbliższego kręgu społecznego, wykazując uprzedzenia (uprzedzenia emocjonalne), dyskryminację (uprzedzenia behawioralne) i stereotypy (uprzedzenia poznawcze). Takie uprzedzenia mogą być nieświadome (tj. automatyczne i ambiwalentne); mogły być również wspierane przez całe społeczeństwo; wychowanie ma ogromny wpływ. Możesz rozwinąć świadomość swojego nieświadomego myślenia, a także określić, jak wpływa ono na ciebie z dnia na dzień.

Jak powstają uprzedzenia i uprzedzenia i co można z nimi zrobić? Rozważając te pytania, należy w pierwszej kolejności skupić się na tym, skąd biorą się uprzedzenia i uprzedzenia, a następnie na sposobach łagodzenia ich skutków. Nasze umysły mają tendencję do kategoryzowania i rozdzielania informacji na osobne sekcje, co prowadzi do takiego zachowania. Kiedy tworzysz skojarzenia w okolicznościach społecznych, przechowując, przetwarzając i stosując wiedzę o innych, co jest znane jako poznanie społeczne; Ukryte uprzedzenia pojawiają się, gdy nasz mózg szuka wzorców w celu ustanowienia połączeń – coś, co prowadzi nas z powrotem do ukrytych uprzedzeń!

Ukryte uprzedzenia wynikają ze skłonności naszego mózgu do chodzenia na skróty w celu uproszczenia życia. Ponieważ przeciążenie informacji może sprawić, że przetwarzanie danych będzie uciążliwe i czasochłonne, skróty myślowe pozwalają nam szybciej przejrzeć to wszystko i znaleźć odpowiednie informacje.

Chociaż zmiana uprzedzeń i uprzedzeń innych ludzi jest wyzwaniem, identyfikując swoje osobiste preferencje, możesz pomóc je zmniejszyć i pomóc innym zrozumieć, w jaki sposób ich uprzedzenia wpływają na ich osądy i działania wobec innych.

Zacznijmy od fundamentu. Przede wszystkim należy pamiętać, że każda osoba jest indywidualnością o indywidualnych cechach, mocnych i słabych stronach, których nie można sklasyfikować. Dlatego poświęć czas na poznanie ludzi na poziomie intymnym i unikaj kategoryzowania lub stereotypizowania ludzi w oparciu o stereotypy lub uprzedzenia. Jeśli Twoja reakcja na kogoś wynika z jednego powodu, natychmiast zmień swoje zachowanie, aby usunąć takie uprzedzenia; chociaż czasami odpowiedzi mogą nadejść szybko; po podjęciu danej czynności poświęć trochę czasu na przemyślenie i rozważenie innych opcji, zanim ponownie podejmiesz określone działania.

Zmiana perspektywy jest również kluczem do zmiany mentalności. Spoglądając na sprawy z perspektywy innych, stawiasz się w ich sytuacji i pomagasz zrozumieć, skąd pochodzą, jak myślą i jakie mają doświadczenia. Może to również zaszczepić w tobie empatię – gdy pojawi się to uczucie, w naturalny sposób pomyślisz dwa razy, zanim wydasz osąd na ten temat.

Kontakt z nowymi kulturami, grupami etnicznymi i rasami jest również korzystny w poszerzaniu perspektywy. Poświęcając więcej czasu i uwagi osobom z tych grup, poczujesz natychmiastowe poczucie przynależności, które zapobiegnie rozwijaniu się wobec nich jakichkolwiek uprzedzeń.

Oprócz jogi i medytacji praktyki uważności, takie jak skupione oddychanie lub skupiona medytacja jogi, również umożliwiają jednostkom uzyskanie samoświadomości i przejęcie kontroli nad swoimi myślami i działaniami.

Osobiste uprzedzenia, uprzedzenia i ograniczenia mogą być kłopotliwe, ponieważ uniemożliwiają widzenie ludzi poza określonym schematem – co z kolei prowadzi do ich błędnego zrozumienia. Ale z drugiej strony, posiadanie otwartego umysłu i świadomość tych ograniczeń pozwoli ci pracować nad ich wyeliminowaniem lub przynajmniej zmniejszeniem - nie tylko poprawi to twoje postrzeganie ludzi, ale jeszcze bardziej poszerzy twój umysł i zachęci do rozwoju osobistego.

Czy kiedykolwiek znalazłeś się w impasie, niepewny, w którą stronę pójść? Po sporządzeniu wyczerpującej listy zalet i wad różnych dostępnych opcji nie podejmujesz żadnych postępów w podejmowaniu decyzji? Każda opcja stwarza inne przeszkody, przez co nie jesteś pewien, jak najlepiej pójść dalej.

W takich okolicznościach ważne jest, aby dokonać uczciwej oceny siebie i zidentyfikować swoje prawdziwe pragnienia. Ale jeśli ten proces nie przychodzi ci naturalnie, a pod presją działasz impulsywnie lub zamiast tego dostosowujesz się do zachowań przyjemnych dla innych, skutki mogą być druzgocące!

Intuicja może być Twoim przyjacielem w trudnych chwilach. Niektórzy nazywają to intuicją; inni nazywają to przeczuciem, wewnętrznym głosem lub przeczuciem; bez względu na nazwę, intuicja poprowadzi Cię trudnymi ścieżkami życia, informując Cię, kiedy decyzja jest zgodna z Twoim sercem.

Jednak wiele osób ma trudności z rozpoznaniem swojej intuicji. Dzieje się tak dlatego, że na drodze często stają nasze wewnętrzne przeszkody, takie jak nadmierne myślenie, szukanie aprobaty, ukryte uprzedzenia dotyczące „powinności" i traumy z przeszłości, które uniemożliwiają nam wykorzystanie tego. Pokonanie tych przeszkód wymaga samoświadomości i umiejętności określenia, co kieruje Twoimi decyzjami; kiedy zostanie to osiągnięte, pojawia się silne intuicyjne myślenie prowadzące do decyzji, które przynoszą korzyści nam jako jednostkom, i zwracamy uwagę na wybieranie decyzji, które dobrze nam służą.

Znani ludzie, tacy jak Henry Ford, są świetnymi przykładami tych, którzy polegają na intuicji. Jedną z takich osób był rok 1914, kiedy Henry Ford stanął w obliczu spadającego popytu i wysokich obrotów w swojej firmie. Zamiast zastosować się do konwencjonalnych rad i zwiększyć pensje pracowników o 50%, podjął odważny ruch i podwoił je, co doprowadziło do spadku rotacji i większej liczby pracowników, którzy mogli pozwolić sobie na samochody dla siebie, co ostatecznie doprowadziło do ponownego wzrostu popytu.

Albert Einstein był kolejnym wybitnym naukowcem, który ze względu na swoją intuicję zlekceważył tradycyjne teorie fizyczne. Przyznał, że wierzy w inspiracje i intuicję i był pewien, że ma rację, choć nie był tego pewien. Kiedy naukowcy finansowani przez Akademię Królewską przeprowadzili eksperymenty testujące teorię względności Einsteina, był pewien ich sukcesu – nic więc dziwnego, gdy zaćmienie 29 maja 1919 roku potwierdziło jego teorię!

Tworząc „Wczoraj" Paul McCartney w dużej mierze polegał na intuicji. Według niego marzył o napisaniu czegoś, co zyskałoby ogromną popularność, ale bał się, że jego treść może różnić się od oczekiwanej. Jednak nadal ufał sobie i zdawał się na intuicję, która ostatecznie doprowadziła go do sukcesu i tego, co uważał za „najbardziej magiczne przeżycie".

Czym właściwie jest intuicja? Jedną z kluczowych kwestii dotyczących intuicji, o której należy pamiętać, jest to, że brakuje jej logiki; zamiast tego opiera się na instynktach emocjonalnych, doświadczeniach lub innych czynnikach przy podejmowaniu decyzji. Ponadto intuicję można podzielić na trzy różne kategorie.

* Wnikliwość i spójność: ten obszar odnosi się do inteligencji (IQ) i obejmuje uświadomienie sobie czegoś bez zrozumienia jego źródła.

Subiektywna intuicja odnosi się do iluzji, że coś wiemy, często używanej przez osoby ciekawskie intelektualnie i rozwiązujące zagadki. * Ukryte uczenie się oznacza poznanie czegoś poprzez wychwytywanie wzorców poznawczych.

Intuicja polega na dopasowywaniu wzorców z przeszłych doświadczeń do wzorców z obecnych sytuacji, przy czym informacje przetwarzane są przez mózg zarówno świadomie, jak i podświadomie. Twoja intuicja wyciąga następnie te myśli i wzorce z nieświadomej części mózgu i stosuje je bezpośrednio w bieżącej sytuacji - prowadzi to do szybszego i zdecydowaniejszego podejmowania decyzji.

Zdolności predykcyjne mózgu wchodzą w grę poprzez dopasowywanie lub niedopasowywanie ukrytej wiedzy, która nie osiągnęła świadomości, z bieżącymi doświadczeniami.

Dlaczego zamieniliśmy to w wykład o intuicji? Po prostu dlatego, że kiedy zrozumiesz jego działanie i wpływ na podejmowanie decyzji, być może będziesz w stanie odróżnić go od reakcji emocjonalnych wywołanych strachem i wykorzystać jego spostrzeżenia do podejmowania skuteczniejszych decyzji życiowych.

Możesz nie tylko rozpoznać swoją intuicję, ale możesz ją jeszcze bardziej wzmocnić poprzez różne ćwiczenia.

Celowa introspekcja pomaga zwiększyć samoświadomość i potwierdzić swoje priorytety. Osoby, które regularnie angażują się w introspekcję, badają swoje uczucia, ich wpływ i reakcje emocjonalne. Ludzie, którzy regularnie przeprowadzają introspekcję, nie boją się odczuwać swoich emocji; raczej wykształcają nawyk zadawania pytań: „Jak się z tym czuję?" w celu identyfikacji i zaufania swoim emocjom.

Osoby o wysokiej intuicji są znane z tego, że są otwarte i szczere wobec siebie, nie chowając się za pozorną fasadą, zastanawiając się nad swoimi potrzebami i pragnieniami, zamiast wpadać w pułapkę „powinno się". Ich perspektywa kieruje się wartościami, które pomagają zachować wewnętrzną równowagę i kontrolują intuicję.

Ładując energię, od czasu do czasu szukają samotności, aby naładować baterie i zastanowić się nad swoim wnętrzem. Samotność może przybierać formę spokojnych spacerów po parkach i lasach, popijania kawy przy ognisku lub siedzenia nad morzem i oglądania zachodu słońca – jest to każda aktywność, która pozwala im usłyszeć swój wewnętrzny głos, jednocześnie dając sobie chwilę oddechu.

Empatia to kolejna cecha powszechnie spotykana wśród ludzi intuicyjnych. Ich umiejętność wczucia się w sytuację innych ludzi i wyczucia, jak ktoś inny może doświadczyć danego wydarzenia, sprawia, że są dla wielu osób osobą, do której chętnie się zwracają. Intuicja sprawia, że są ciekawi, jak blisko czują się bliscy; nie z ciekawości, ale z chęci nawiązania silnych więzi między jednostkami; im bardziej intuicyjny empata poznaje jakąś osobę, tym łatwiej jest jej przewidzieć nastrój tej osoby oraz poznać jej potrzeby i emocje. Ich zmysły wychwytują sygnały, takie jak mowa ciała i interakcje społeczne, co pomaga im dokładniej zrozumieć, czego jednostki potrzebują od otaczających ich osób w zakresie mowy ciała lub interakcji społecznych, co pomaga połączyć punkty, aby zrozumieć, czego potrzebuje druga osoba od nich i zrozumieć czego ludzie potrzebują od innych w zakresie mowy ciała lub interakcji społecznych, co pomaga intuicyjnym empatom wyczuć, czego każda inna osoba również od nich potrzebuje.

Intuicja może być potężnym zasobem, który pomoże Ci uciec od szkodliwych sytuacji i poprowadzi Cię ku takim, które przyniosą większe spełnienie. Dzięki natychmiastowym reakcjom i możliwościom otwierania zdolności umysłowych intuicja pomaga nam podejmować szybkie i świadome decyzje. Rozpoznaj sytuacje, w których najłatwiej wyłania się intuicja, abyś mógł pełniej skorzystać z tego zasobu. Odtwórz takie chwile, aby zmaksymalizować jego moc.

Życie w dzisiejszym społeczeństwie kształtuje nasze działania, myślenie i osobowość na wiele sposobów; pozostawanie wiernym sobie podczas poruszania się po tym życiu może być wyzwaniem; jednak bycie autentycznym pomaga odblokować Twój pełny potencjał i zrealizować go w pełni.

Kiedy ktoś pyta Cię, jak się masz, jak powinieneś odpowiedzieć? Czy jesteś skłonny założyć, że nie przejmuje się tym zbytnio i udzielić nieszczerej odpowiedzi, na przykład: „Nic mi nie jest"? A może powinieneś rozważyć szczerą odpowiedź, jak się czujesz? Większość ludzi wybiera to drugie podejście, gdyż ujawnienie swojego prawdziwego stanu doprowadzi do dalszych rozmów na swój temat, których wielu woli unikać.

Idealistycznie rzecz biorąc, ludzie nie baliby się swobodnego wyrażania siebie i noszenia masek, zamiast zamykać się na innych. Niestety jednak, gdy zbyt długo nosimy maski, stają się one trudne do zdjęcia, przez co stajemy się kimś, kim nie jesteśmy i nawet gdy jesteśmy sami, zaczynamy myśleć o tym, jak inni nas postrzegają i co inni mogą o nas pomyśleć.

Svend Brinkman, duński psycholog, zauważył, że ludzie często oczekują od siebie i innych, że zawsze będą sprawiać wrażenie szczęśliwych i pozytywnych; może to jednak mieć negatywne skutki uboczne. Chociaż bycie pozytywnym może być samo w sobie pozytywne, ciągłe sprawianie wrażenia szczęśliwego może wiązać się z ukrywaniem swoich prawdziwych uczuć, aby zadowolić innych, sprawiając wrażenie pozytywnego[14].

Nikt nie może być cały czas szczęśliwy i optymistyczny. Udając, że wszystko jest w porządku, kiedy tak nie jest, przestajesz być asertywny i zaczynasz oddalać się od tego, kim naprawdę jesteś. Przyznanie się do negatywnych emocji skłania do refleksji nad ich przyczyną i wydarzeniami, które mogły przyczynić się do ich ujawnienia; po znalezieniu należy podjąć wysiłki w celu jego rozwiązania; zwykłe ukrywanie problemów z czasem tylko zwiększy ich wagę i stanie się niemożliwymi do rozwiązania.

Jak możesz rozpocząć drogę ku stawaniu się prawdziwym sobą?

Naucz się być wrażliwym

Bycie wiernym sobie oznacza umiejętność proszenia o to, czego potrzebujesz i wyrażania tego werbalnie. Wyrażanie uczuć za pomocą mowy pozwala nam wyrazić nasze potrzeby i pragnienia, na przykład powiedzieć komuś: „To w porządku, że nie jest w porządku". Ignorowanie jednego aspektu siebie może oznaczać tłumienie innej części; bycie prawdziwym sobą oznacza akceptację wszystkich części siebie - zarówno tych potrzebujących, jak i samowystarczalnych!

Wrażliwość daje innym mniejszą moc podkreślania twoich wad i słabości; gdy już się o tym dowiesz, inni nie będą mogli wykorzystać ich przeciwko tobie.

Poświęć trochę czasu na obserwację, jak się zachowujesz, gdy nikogo nie ma w pobliżu; jakie działania sprawiają przyjemność innym lub Tobie? Stawanie się autentycznym, najlepszym sobą nie zależy od odniesienia sukcesu lub wysokiego statusu; pociąga to raczej za sobą rozwój charakteru poprzez to, jak się zachowujesz, gdy nikogo nie ma.

Aby osiągnąć życie, jakiego pragniesz, konieczne jest, abyś był wierny temu, kim chcesz być. Wiele osób przyjmuje w życiu podejście „udawaj, aż ci się uda", ale może to stać się wyzwaniem, jeśli brakuje pasji i chęci do autentycznego życia. Silny charakter pomaga rozwinąć odporność, która pozwala nam łatwiej dotrzeć do upragnionych celów.

Charakter definiuje się poprzez to, jak reagujesz w danej sytuacji, zamiast stać się ofiarą tego, co ci się przydarza. Częścią tej koncepcji jest postępowanie właściwe w obliczu przeszkód; inny aspekt polega na podejmowaniu wysiłków, aby je pokonać, aby udowodnić innym, że możesz wytrzymać wszystko, co stanie ci na drodze. Przejęcie kontroli nad swoim życiem oznacza brak przeprosin w odniesieniu do dokonanych wyborów i działań, pozostawanie optymistą nawet w trudnych chwilach i stawanie się najlepszym sobą, aby stworzyć życie, jakie sobie wyobrazisz.

Ale jak rozpoznać, czego naprawdę pragniesz? Niestety sukces, status czy bogactwo nie zawsze przynoszą szczęście i satysfakcję – nasze pragnienie materialistycznych celów wynika z braku wiary w to, że jesteśmy wystarczające.

Potrzeba poczucia, że jest się „wystarczającym" dla ludzi, motywuje wielu z nich do kupowania drogich rzeczy i jadania posiłków w luksusowych restauracjach. Twoje ego zaczyna ci mówić, żebyś był kimś, kim nie jesteś, tylko po to, by udowodnić innym swoją wartość; ale to nie odzwierciedla prawdziwego zrozumienia poczucia własnej wartości.

Ego może stłumić nasze autentyczne „ja" poprzez nieustanną pogoń za wartością i miłością do siebie, więc aby wypełnić tę pustkę, karmimy ją poszukiwaniem bogactwa lub statusu.

Uznanie, że jesteś wystarczający bez wszystkich materialistycznych ozdobników, jest kluczem do uświadomienia sobie, kim naprawdę jesteś i stworzenia życia, jakie sobie wyobrażasz. Wierząc w to głęboko w sobie, możesz połączyć się z tym, kim naprawdę jesteś i ukształtować dla siebie satysfakcjonującą egzystencję.

Akceptując i uznając, kim naprawdę jesteś, wysyłasz sygnał, że jesteś gotowy wyruszyć na ścieżkę wyznaczoną przed tobą przez wszechświat, pokonać wszelkie wyzwania na swojej drodze i wyłonić się z szczęśliwej i zadowolonej osoby.

Czy czytamy (oceniamy) zbyt mocno? Kilka dni temu, czekając w kolejce do sali gimnastycznej na wieczorny trening, podsłuchałem, jak dwie kobiety rozmawiają o innym członku siłowni, którego znali jako „gruba Judie". Jedna powiedziała coś w stylu: „Zastanawiam się, czy ona tu jest dziś wieczorem…".

„Tak, tam jest. Jezu, jaka ona jest głupia".

Kiedy nadeszła ich kolej, obie kobiety weszły na salę gimnastyczną, śmiejąc się z Judie dla rozrywki. Były to dorosłe kobiety, których źródłem rozrywki było krytykowanie kogoś, kto radzi sobie z problemami w inny sposób niż one same.

Tego typu wydarzenia przypominają nam, że osąd jest nieprzyjemną emocją. Niestety, osąd często definiuje Cię bardziej niż kogokolwiek innego; Twoje często wynikają ze słabości w Tobie.

Czy któraś z tych sytuacji brzmi dla Ciebie znajomo? „Dlaczego Instagram tej dziewczyny ma więcej obserwujących niż mój, mimo że jej zdjęcia wyglądają, jakby zostały zrobione przez uczennicę szkoły podstawowej?” Oznacza to, że chcesz, aby Twoje konto miało więcej obserwujących, i przez cały czas czujesz się niepewnie.

„Ten facet zawsze wydaje się szczęśliwy i miły; to musi być fałszywe!” Pokazuje twoją zazdrość o jego zdolność do nawiązywania kontaktu z ludźmi i pragniesz, aby twoje życie było tak samo satysfakcjonujące jak jego; jednak zamiast pracować nad osobistym doskonaleniem, zamiast tego oceniasz i etykietujesz innych.

„Myśli, że jest taki ważny ze względu na swój drogi samochód i dom; jakie to powierzchowne!” Twoje usta tak mówią, podczas gdy twoje serce wie inaczej; jednak to, co wyrażają twoje usta, może w rzeczywistości oznaczać, że wszystkie te luksusy sprawiają, że chciałbyś prowadzić inny styl życia, zamiast czuć się ciągle załamany.

Rozejrzyj się wokół siebie i spróbuj rozpoznać osobę, która wydaje się pewna siebie, a jednocześnie surowo ocenia innych. Jest prawdopodobne, że nie będzie nikogo takiego, ponieważ Twoje osądy ujawniają słabości, niepewność i słabe punkty, które starasz się ukryć przed społeczeństwem.

Jednym z powodów, dla których tak łatwo osądzamy innych, jest to, że robimy to samo wobec siebie – wszystkie drogi prowadzą z powrotem do „nas”.

Co możesz zrobić, jeśli czytasz i oceniasz innych zbyt surowo? Choć całkowite zaprzestanie palenia może wydawać się idealistyczne, jest to po prostu niemożliwe. Istnieje jednak skuteczny sposób, aby przyłapać się, zanim zamienisz się w pozbawionego skrupułów potwora osądzającego: zwracaj uwagę, czytając kogoś lub oceniając kogoś, i przestań, zanim nim się staniesz!

Pozostań ciekawy. Osąd utrudnia racjonalne myślenie i uniemożliwia zrozumienie ludzi lub sytuacji; często przekonania te wynikają z ograniczonych informacji.

Ciekawość pozwala otworzyć się na możliwość, że w tej sytuacji może być coś więcej; coś za kulisami, czego nie obserwujesz.

Gdy tylko ktoś zachowa się dziwnie lub wbrew Twoim preferencjom, zadaj sobie proste pytanie: „Czy dzieje się z tą osobą coś, czego nie widzę?” To podejście może wydawać się oczywiste, ale przypomni Ci, że często dzieje się więcej, niż mogłoby się wydawać.

Osądzanie ludzi może być łatwe i może nawet sprawiać satysfakcję; jednak pozostawanie ciekawym wymaga inteligencji emocjonalnej, dojrzałości i samokontroli.

Zanim dokonasz natychmiastowej oceny kogoś, zatrzymaj się i pomyśl, zanim wypowiesz lub wyślesz niemiłe słowa. Słowa nie cofają, raz wypowiedziane pozostawiają ogromne wrażenie, które może pozostać na całe życie! Postaw się na ich miejscu, abyś mógł zrozumieć ich intencje; przekształć negatywne wzorce myślowe w konstruktywne, abyś mógł zwalczyć negatywność od wewnątrz, a następnie wyeliminuj jej źródło!

Integralnym elementem wzrostu i rozwoju osobistego jest uświadomienie sobie własnych wad, zmiana wzorców, aby stać się bardziej pozytywnymi i dojrzałymi jednostkami, przy jednoczesnym akceptowaniu innych bez osądzania i krytyki w ramach tej podróży.

Jak omówiono w części drugiej, ważne jest zrozumienie, co motywuje innych; ale równie istotne dla Twojego szczęścia i dobrego samopoczucia jest identyfikacja i zrozumienie tego, co Tobą kieruje w życiu. Pozostając zainspirowanym i zmotywowanym, znajdziesz energię i motywację, które mogą podsycić szczęście w tobie i rozprzestrzenić się na innych wokół ciebie - podobnie jak napełnienie pustej studni nie może przynieść ulgi!

Motywacja wewnętrzna może pochodzić z wielu źródeł, w tym z niezależności finansowej, korzyści zdrowotnych, stabilności lub samorealizacji. Każda osoba jest wyjątkowa pod względem motywacji; dlatego też niektórzy prosperują lepiej dzięki pracy zorientowanej na zadania lub umiejętności, podczas gdy inni pozostają na stanowiskach usługowych – te czynniki decydują o wybranej ścieżce.

1. Motywacja wewnętrzna: czynności, które lubisz robić same w sobie, np. studiowanie dziennikarstwa kryminalnego, ponieważ zainspirowało Cię oglądanie filmów dokumentalnych o tematyce kryminalnej i czytanie kryminałów.

2. Zdefiniowane Motywacje: Działania, w które się angażujesz, które przybliżają Cię do osiągnięcia Twoich celów; na przykład studiowanie dziennikarstwa kryminalnego, jeśli Twoim celem jest praca jako funkcjonariusz organów ścigania.

Badania przeprowadzone w celu zbadania wpływu motywacji wewnętrznej i zidentyfikowanej na szczęście i dobrostan dzieci wykazały, że dzieci, które miały wewnętrzną motywację do nauki więcej, były w lepszym stanie psychicznym, niezależnie od swoich ocen.[15]

Kiedy już zrozumiesz, jaka motywacja kieruje jakimi działaniami, następnym krokiem powinno być określenie, co Tobą kieruje. Dokonanie samooceny i bycie szczerym w kwestii tego, jak i dlaczego stałeś się tym, kim jesteś, może pomóc w określeniu, co Cię motywuje – a następnie opracuj plan działania, który pomoże Ci dotrzeć tam, gdzie chciałbyś być w życiu.

Eksperci doradzają, próbując zidentyfikować motywację, warto przypomnieć sobie te chwile, kiedy czułeś się najbardziej żywy i chętny do zrobienia czegoś. Refleksja nad zadaniami, które charakteryzowały się szczególnie wysokim poziomem zaangażowania, może ujawnić, gdzie leżą Twoje pasje.

Przypomnij sobie te przypadki i zastanów się, co doprowadziło do Twojego poczucia osiągnięcia lub podekscytowania, a następnie zbadaj ich przyczyny, rozumiejąc, dlaczego rzeczy potoczyły się w ten sposób. Odpowiedź na to pytanie może pomóc w zidentyfikowaniu czynników motywujących. Oto kilka pytań, które możesz sobie zadać, aby je zidentyfikować:

* Kim sobie wyobrażasz siebie za dwa, trzy lata?

Jak zachowałaby się ta osoba? Gdyby pieniądze i zasoby nie były dla Ciebie problemem, komu pomógłbyś dzięki hojności ducha? Gdzie chciałbyś wywrzeć wpływowe oświadczenie na temat tego, co Cię interesuje lub motywuje. * Jakie hobby i zajęcia sprawiają Ci radość?

* Jakie cechy musisz rozwinąć, aby stać się najlepszą wersją siebie i stworzyć życie, jakie sobie wyobrażasz?

Odpowiedz na poniższe pytania, aby odkryć swoje inspiracje i prowadzić życie, które odzwierciedla Twoje wartości i przekonania.

Jednym z ważnych kroków w kierunku uzyskania motywacji jest konfrontacja ze strachem. Strach powstrzymuje nas przed postępem; utrudnia poruszanie się, powoduje, że na każdym kroku wątpimy w siebie i prowadzi nas na niepotrzebną ścieżkę ostrożności. Niestety, czasami nasze obawy wynikają raczej z wyobraźni niż z dokładnej oceny ryzyka; nawet jeśli podekscytowanie przyćmiewa strach, aby móc dalej realizować swoje zadanie, nadal będą części nas, które będą chciały chronić się przed wpływami zewnętrznymi i powstrzymywać się, starając się zapewnić nam bezpieczeństwo.

Aby uniknąć tej sytuacji, należy stawić czoła swoim lękom i pokonać je. Pierwszym krokiem powinno być ich rozpoznanie poprzez mówienie na głos; przyznając się do nich na głos, ich władza nad tobą może powoli się zmniejszać. Zadaj sobie następujące pytania:

* Jakie są szanse, że wydarzy się to, czego się obawiasz?
A dlaczego obawiasz się, że tak może być?

Konfrontując się z nimi bezpośrednio, możesz odkryć, które lęki są prawdziwe, a które wyimaginowane. Twoje obawy wskażą również, gdzie mogą występować luki, które należy wypełnić przed dotarciem do miejsca docelowego i należy wdrożyć strategie zarządzania ryzykiem. Kiedy już uporasz się z tymi obawami, znacznie łatwiej będzie ocenić, co napędza i hamuje postęp szybciej – wiedza, która pozwoli Ci szybciej osiągnąć pożądane cele.

Rozmowa to skuteczny i łatwy sposób budowania więzi, wymiany myśli i rozwijania wzajemnego zrozumienia między ludźmi. Interakcje te powinny być przyjemne i zapewniać wgląd w osobowości i preferencje poszczególnych osób; dzięki nim rozwijamy empatię, czujemy się rozumiani i słuchamy siebie nawzajem – tworząc niezapomniane doświadczenia i trwały rozwój przez całe życie.

Aby jednak czerpać korzyści z „rozmowy", musisz osiągnąć punkt, w którym ludzie będą chcieli z tobą rozmawiać – oznacza to bezwysiłkowe utrzymywanie uwagi, dowodzenie pomieszczeniem i błyszczenie w sytuacjach towarzyskich lub zawodowych.

Czy te umiejętności są wrodzone, czy też można je rozwinąć poprzez specjalne szkolenie i praktykę?

Oto poufne informacje — możesz rozwijać te umiejętności, pozycjonując się jako osoba interesująca, kulturalna i posiadająca wiedzę.

Każdy człowiek pragnie być interesujący; to niezaprzeczalna prawda. Nawet ktoś, kto nie czuje się komfortowo będąc na czele, nadal będzie chciał wyglądać interesująco i uniknąć etykietowania nudziarza! Bycie interesującym prowadzi do wpływu i możliwości; rozumiejąc, co sprawia, że dana osoba jest interesująca, możesz sam nią zostać i zyskać wpływowość w swoim kręgu wpływów.

Jak możesz to robić?

Zacznij od bycia włączającym. Nie próbuj być „fajny", lekceważąc innych – to tylko jeszcze bardziej podważy Twoją wiarygodność. Wspieraj ludzi, zamiast ich ograniczać: to robi lepsze wrażenie!

Jeśli zobaczysz na imprezie lub w barze osobę trzymającą drinka i szukającą kogoś, z kim możesz porozmawiać, nie ignoruj jej; spróbuj zainicjować rozmowę, aby poczuli się zauważeni i włączeni. Być może wspomnij o nich coś, czego dowiedziałeś się podczas jednej z poprzednich rozmów; pokaże im to, że słuchałeś również podczas rozmowy z tą osobą. Daj się poznać jako dobry słuchacz, aby postrzegali Cię jako intrygującego.

Bycie w centrum uwagi jest miłe, ale bycie pokornym jest również istotne. Badania pokazują, że ludzie lubią spędzać czas w towarzystwie osób wykazujących się pokorą. Ponieważ termin ten może się znacznie różnić w zależności od kontekstu, użyjmy jako naszej definicji: szanowanie opinii i punktów widzenia innych ze względu na pokorę – pokaże to komuś, że jest dla niego ważny!

Uważaj, aby nie mylić pokory z brakiem szacunku do samego siebie lub asertywności; bycie pokornym nie wymaga samodeprecjonującego zachowania, które sprawia, że ktoś inny czuje się wyjątkowy. Bądź pokorny, uznając swoje umiejętności i to, co mogą, a czego nie mogą zrobić; nawet coś tak prostego, jak powiedzenie: „Nie znam jeszcze odpowiedzi, ale poszukam odpowiedzi i skontaktuję się z Tobą" lub przyznanie się: „Nie znam tego tematu. Czy możesz mi powiedzieć więcej?" potrafi okazać pokorę.

Nie daj się zastraszyć, pokazując, że masz otwarty umysł początkującego! Inną skuteczną strategią popychania rozmów do przodu jest autentyczna hojność, ponieważ wywołuje ona psychologiczną reakcję wzajemności ze strony innych. Nie mamy na myśli materialistycznych gestów, takich jak kupowanie prezentów czy jedzenia; po prostu prowadź otwarte rozmowy, swobodnie prawuj komplementy lub pytaj kogoś, jak się czuje, nie pytając tylko ze względów formalnych!

Poświęcając swój czas i uwagę hojnie, odkryjesz, że inni zaczną się bardziej tobą interesować. Będą wdzięczni za świadomość, że nie jesteś tam tylko po to, by zyskać materialne korzyści z ich obecności.

Bądź hojny, mówiąc „tak". Jeśli posiadasz konkretną wiedzę lub spostrzeżenia dotyczące obszaru ważnego dla innych, korzystaj z nich swobodnie, nie zastanawiając się, co otrzymasz w zamian.

Będąc interesującym i pomocnym, zyskasz przychylność innych i nawiążesz relacje na całe życie. Postępując zgodnie z wymienionymi tutaj praktykami konwersacyjnymi, łatwo stanie się tematem rozmowy.

Czy zdarzały Ci się długie przerwy i niezręczne spojrzenia, które sprawiały, że rozmowa była niekomfortowa?

Każdy w pewnym momencie podczas rozmowy doświadczy długich przerw i niezręcznych spojrzeń, które sprawiają, że czujemy się niekomfortowo, i wtedy zdamy sobie sprawę, jak ważne jest kontynuowanie dialogu; znane również jako utrzymywanie zaangażowania ludzi w dyskusje.

Oto jak możesz to zrobić: Znajdź wspólne zainteresowania. Ludzie znacznie się różnią pod względem zainteresowań i priorytetów; znalezienie czegoś wspólnego pomaga budować mosty między wami. Gdy znajdziesz coś podobnego między dwojgiem ludzi, zanotuj wszystko, co uznasz za interesujące w tej kwestii (jako początek rozmowy). Przejrzyj tę listę kilka razy, aby łatwo utkwiła Ci w pamięci, gdy pojawią się tematy do rozmowy w danym obszarze, a następnie wracaj do niej, jeśli zajdzie taka potrzeba! Dodatkowo zapisz początek rozmowy na tematy istotne dla Was obojga, aby dyskusja nigdy się nie skończyła!

Interesujące tematy to piłka nożna, najnowszy gadżet wprowadzony na rynek, obejrzenie filmu lub przeczytanie książki, która wydała ci się przyjemna lub wysłuchanie komentarzy Donalda Trumpa, które wywołały śmiech.

Nie wstydź się zadawać pytań otwartych, gdy brakuje Ci słów – zapytanie otwarte wymaga czegoś więcej niż odpowiedzi „tak/nie" i z pewnością zapoczątkuje rozmowę między zaangażowanymi stronami.

Przykładowe tematy mogą obejmować: Koncert: Moje przemyślenia
Jaka scena filmowa najbardziej Ci się podobała i wyjścia samotne lub w grupach?

Te pytania zachęcają ludzi do większego otwarcia się na siebie. Eliminując niezręczną ciszę pomiędzy rozmowami, tego typu pytania sprawiają, że dialog między Tobą a inną osobą przebiega bez wysiłku.

Zadając tego typu pytania, pokazujesz komuś, że zależy Ci na jego opiniach i emocjach – buduje to relacje poprzez podtrzymanie dialogu między Tobą a tą osobą. Docenią wysiłek, jaki włożyłeś, aby go utrzymać!

Nawiąż więzi emocjonalne
Rozmów nie należy postrzegać po prostu jako słów: służą one budowaniu więzi emocjonalnych między ludźmi. Chociaż możesz przeprowadzić cały dialog bez dzielenia się znaczącymi informacjami, pomaga to w nawiązaniu znaczących więzi i daje wgląd w osobowość drugiej osoby.

Wygadać się! Jeśli nic innego nie działa, nie wahaj się i powiedz głośno! Rozmowa często może stać się wyzwaniem, ponieważ obawiamy się, że nasze słowa mogą być nudne dla innych; dlatego nasze myśli i słowa pozostają ukryte, dopóki strach przed byciem osądzonym nie objawi się w słowach lub czynach. Ale często ten strach nie wynika z niczego innego jak z wyobraźni!

Następnym razem, gdy znajdziesz się w takim spotkaniu, wyraź swoje zdanie swobodnie (o ile nie zawiera ono materiałów rasistowskich lub obraźliwych seksualnie). Możesz być zaskoczony, gdy dowiesz się, że ludzie nie są tak ograniczeni, jak sobie wyobrażałeś!

Twoje wysiłki mające na celu kontynuowanie rozmowy odniosą sukces tylko wtedy, gdy obaj uczestnicy będą w nią zaangażowani i będą chcieli w pełni się w nią zaangażować. Jeśli wykazują oznaki braku zainteresowania lub w ogóle odmawiają wniesienia wkładu, potraktuj to jako wskazówkę, że należy to natychmiast zakończyć.

Bez względu na Twoje zainteresowania i cele Nie można zaprzeczyć, że relacje osobiste są kluczem do sukcesu osobistego i zawodowego, niezależnie od zainteresowań, celów osobistych czy zawodu. Być może zauważyłeś jednak, że niektóre osoby wydają się być w stanie łatwo nawiązać kontakt ze wszystkimi, które spotykają, podczas gdy inne mają trudności nawet z prowadzeniem zdrowych rozmów, nie mówiąc już o rozwijaniu z nimi znaczących relacji.

Oto, jak możesz zwrócić na siebie uwagę pięknych dziewczyn w barze, szefa działu na corocznej imprezie lub sąsiada, podpisując petycję w sprawie zapewnienia bezpieczeństwa w okolicy.
Jak zatem rozwijać tę umiejętność?

Przede wszystkim pamiętaj, że ludzie lepiej reagują na prawdziwych ludzi. Nawiązywanie i utrzymywanie kontaktów zaczyna się od prawdziwych intencji; wszelkie próby powierzchownych interakcji będą trwać tylko tak długo. Rozmowa z ludźmi tylko w sprawie promocji lub bezpłatnych biletów nie wystarczy – jeśli naprawdę zależy Ci na ludziach, z czasem mogą stać się prawdziwymi przyjaciółmi.

Po drugie, wykaż chęć poświęcenia czasu i uwagi osobie, z którą próbujesz nawiązać kontakt. Czasami ze względu na ograniczone zasoby możemy nie być w stanie obsypywać ludzi prezentami lub materialistycznymi przejawami uczuć; zapewnienie komuś prawdziwego czasu na poznanie jego preferencji i upodobań jest równie wpływowym gestem pokazującym, że jest to ważne.

Jeśli masz trudności z dowiedzeniem się o nich więcej na podstawie niezależnych badań, niezwykle pomocne może być nawiązanie kontaktu ze znanymi im osobami. Ludzie mają tendencję do naśladowania naszych nawyków i zainteresowań, więc poznając bliżej osoby, które lubią, możesz również uzyskać o nich pewien wgląd.

Nawiązywanie kontaktów może być również nieocenione w środowisku zawodowym; wiele wolnych stanowisk pracy jest obsadzonych poprzez polecenia i tworzenie sieci kontaktów; w ten sposób tworząc relacje, otwierasz się na nieskończone możliwości.

Kiedy ktoś rekomenduje Cię do pracy, jego rekomendacja może świadczyć o Twojej wiarygodności, ułatwiając zabezpieczenie tej pracy. Nie lekceważ budowania relacji ze współpracownikami tylko dlatego, że spędzacie razem mało czasu; więcej osób w Twoim kręgu znajomych oznacza więcej możliwości w życiu!

Kiedy już nawiążesz połączenie, następnym krokiem powinno być jego wspieranie i utrzymywanie w dobrej kondycji. Niestety, gdy ktoś znika z pola widzenia, często znika z ludzkiej pamięci; Aby upewnić się, że pozostaniesz niezapomniany, najłatwiej jest to zrobić za pomocą małych gestów, takich jak wysyłanie kartek świątecznych, wiadomości urodzinowych za pomocą SMS-ów lub ulubionej książki z osobistą notatką - możesz być zaskoczony, jak zadowoleni będą ludzie, gdy przypomnienia pokażą, że są ważni! Wszyscy pragniemy, aby o nas pamiętano; pokaż komuś, że jest dla Ciebie ważny, pokazując, że Twój związek go ceni! Możesz po prostu stworzyć relacje na całe życie!

Aby pozyskać ludzi, wystarczy pokazać, że ich rozumiesz i cenisz; wtedy zyskasz ich lojalność.

Era cyfrowa ułatwiła nam niż kiedykolwiek automatyzację zadań i wykorzystanie maszyn do zarządzania obciążeniem pracą, jednak im bardziej polegamy na technologii, tym dalej jesteśmy od doświadczania emocji związanych z wykonaniem zadania lub pokonywaniem trudności w celu ukończenia naszej pracy Jest odczuwalne.

Wchodzi tu w grę inteligencja emocjonalna; odnosi się do Twojej zdolności rozpoznawania zarówno własnych emocji, jak i emocji otaczających Cię, w tym tego, jak wpływają one na innych oraz na ich myśli i zachowanie. Dzięki głębszemu zrozumieniu ludzkich uczuć, osobom inteligentnym emocjonalnie łatwiej jest nawiązać kontakt z innymi ludźmi, będąc jednocześnie bardziej współczującym i wyrozumiałym dla tych, których spotykają; jakość ta w ogromnym stopniu przyczynia się do ich sukcesu zawodowego i osobistego.

Ludzie często mylą inteligencję emocjonalną z ilorazem inteligencji (IQ), biorąc pod uwagę, że oba reprezentują różne formy inteligencji. Główna różnica polega na tym, jak każdy z nich jest mierzony i reprezentowany.

IQ mierzy inteligencję umysłową za pomocą standardowych testów i jest bezpośrednio powiązane ze zdolnościami umysłowymi; na przykład umiejętność zrozumienia informacji i zastosowania ich do rozwiązywania problemów. Osoby z wyższym IQ są biegłe w tworzeniu szybkich połączeń mentalnych i szybkim realizowaniu abstrakcyjnych pomysłów. Inteligencja emocjonalna odnosi się do sposobu, w jaki wykorzystujemy emocje, aby nadać sens sytuacjom; osoby znajdujące się na wyższym końcu tej skali to zazwyczaj osoby stabilne emocjonalnie, potrafiące dobrze radzić sobie ze swoimi uczuciami, jednocześnie skutecznie radząc sobie z osobami przechodzącymi przez trudne fazy.

Inną różnicą między tymi dwiema formami inteligencji jest to, że IQ jest czymś, co dziedziczy się od urodzenia, podczas gdy inteligencja emocjonalna rozwija się na podstawie doświadczeń zdobytych podczas wychowania i otoczenia. Możesz pracować, aby stać się inteligentnym emocjonalnie jako dorosły, pielęgnując silne umiejętności interpersonalne.

Oto jak możesz to osiągnąć:

* Uważaj na swoje reakcje. Nie pochopnie oceniaj, zanim w pełni nie zrozumiesz wszystkich aspektów sytuacji, zamiast tego spróbuj spojrzeć na sprawy z punktu widzenia innych i zachowaj otwarty umysł, nie ulegając stereotypom ani uprzedzeniom. Akceptując punkt widzenia innych i akceptując ich opinie, budujesz ich zaufanie.

* Oceń siebie. Czy jesteś świadomy swoich słabości? Czy możesz zaakceptować fakt, że aby stać się lepszą osobą, konieczna jest praca nad niektórymi obszarami siebie? Spójrz na siebie szczerze i uważnie i bądź na tyle odważny, aby zmienić te części, które utrudniają rozwój - to może zmienić Twoje życie! * Przyjrzyj się sobie szczerze i uważnie! Bycie szczerym może zmienić życie!

* Oceń, jak reagujesz w stresujących sytuacjach. Jak sobie radzisz z rozczarowaniami, gdy sprawy nie układają się zgodnie z oczekiwaniami, na przykład nie układają się? Czy zamiast tego atakujesz lub obwiniasz innych? Umiejętność spokojnego radzenia sobie z rozczarowaniami jest niezwykle cenna zarówno w kontekście zawodowym, jak i osobistym – zapobiega wybuchom emocji prowadzącym do pochopnych decyzji lub działań, których możesz później żałować.

* Nie szukaj potwierdzenia swoich osiągnięć. Pokora może być nieocenionym narzędziem emocjonalnym; jej praktykowanie pokazuje innym, że rozpoznajesz swoje mocne strony i osiągnięcia, bez konieczności chwalenia się nimi przed innymi. Zamiast tego skup się na osiągnięciach innych, aby zainspirować siebie! Możesz po prostu zobaczyć, że ich osiągnięcia mają na ciebie wpływ.

* Weź odpowiedzialność za swoje czyny. Jeśli obrazisz inną osobę, przeproś lub, jeśli to konieczne, spróbuj natychmiast rozwiązać sytuację. Nie ignoruj ich uczuć ani nie podpalaj ich, aby uwierzyli, że nie powinni byli w żaden sposób ranić; starając się uczciwie naprawić sytuację i zadośćuczynić, pokazujesz tej osobie, że ją cenisz i że zostanie zrobione wszystko, co możliwe, aby utrzymać relacje między wami.

* Uważaj na skutki swoich działań. Zanim podejmiesz jakiekolwiek działanie, zawsze weź pod uwagę, jaki będzie to miało wpływ na osoby zaangażowane w sytuację i ich reakcje na to, co proponujesz zrobić. Czy zaszkodziłoby im to, czy jeszcze bardziej pogorszyłoby ich sytuację? W takim przypadku należy całkowicie unikać dalszych działań; jeśli jednak z jakiegoś powodu nie da się tego uniknąć, pamiętaj, aby najpierw omówić z nimi tę decyzję i spróbować znaleźć sposoby na zminimalizowanie jej negatywnych konsekwencji.

Inteligencja emocjonalna jest kluczem do czytania i rozumienia ludzi. Pozwala na tworzenie silnych więzi z jednostkami, co ostatecznie prowadzi do sukcesu we wszystkich aspektach życia.

Czy kiedy Twój partner wraca do domu po ciężkim dniu w pracy, myśli sobie: „Wreszcie! Mogę teraz odpocząć!" czy może zamiast tego myślą: „Oto znowu nadchodzi!" Jeśli chcesz udanego małżeństwa lub związku, idealnie byłoby, gdyby pomyśleli o tym pierwszym zdaniu – chociaż powrót do nieskazitelnego domu może być miły, ważniejsze jest to, aby czuli się swobodnie w środowisku, w którym lubią przebywać i czuć się przez Ciebie mile widzianym i mile widzianym, tak samo jak sam czynnik czystości.

Co powinieneś zrobić, gdy masz ciężki dzień? Uśmiechać się i starać się być miłym jak wobec nieznajomych na spotkaniu, czy może zrzucić na nich wszystkie swoje emocjonalne resztki? Dziwne, jak często najbliżsi nam ludzie widzą naszą najgorszą stronę. Można argumentować, że nie będąc ze sobą „prawdziwymi" w naszych domach i związkach, przed kim jeszcze mielibyśmy się otworzyć? Ale czy poradzisz sobie również z ich częstym wściekłością i zamieszaniem?

Dlatego ważne jest, aby nie tworzyć środowiska, w którym nie będziesz mógł żyć. Jasne, każdemu zdarzają się chwile, w których niepokój, złość lub stres przejmują kontrolę. Postaraj się jednak ograniczyć te zdarzenia, aby Twój partner nie wrócił do domu z negatywnym nastawieniem. Jeśli te emocje wydają ci się trudne do poradzenia sobie w pojedynkę, porozmawiaj z przyjaciółmi lub terapeutami o wsparcie; tylko wtedy, gdy Twoje zdrowie psychiczne jest stabilne, możesz stworzyć optymalną atmosferę dla Was obojga.

Przyciągnięcie partnera wymaga, aby podczas rozmowy z nim nie brać pod uwagę technologii; poświęć całą swoją uwagę bez jednoczesnego przewijania kanału na Twitterze; posłuchaj, jak minął im dzień i zdaj relację, co w nim zrobiłeś; jeśli Twój dom jest wystarczająco duży, trzymaj laptopy i komputery poza zasięgiem wzroku, aby zapobiec pokusie zbyt częstego meldowania się; uporządkowanie pozwoli na częste ponowne kontakty zamiast tylko jednej randki w tygodniu.

Dodatkowo wpływy zewnętrzne mogą pomóc w stworzeniu idealnej atmosfery. Na przykład upewnij się, że zarówno Ty, jak i Twój dom ładnie pachniecie, gdy przybędzie Wasz partner – to natychmiast odświeży go psychicznie i sprawi, że poczuje się bliżej. Zapal świece zapachowe i włącz lekką muzykę, aby stworzyć romantyczną, przytulną atmosferę; Twój towarzysz z pewnością będzie chciał zostać z Tobą na dłużej!

Twój dom powinien być oazą komfortu i spokoju – jeśli możesz pomóc w jego zbudowaniu razem ze swoim partnerem, znacznie przyczyni się to do udanego partnerstwa.

Uznanie ich stref komfortu i przystosowanie się do nich

Czy w Twoim związku występują dresy, pierdzenie w łóżku i krzyczenie partnera: „Kochanie, ten pryszcz może zająć całą twoją twarz!"? Jeśli to opisuje dynamikę między

Tobą a Twoim partnerem, oznacza to, że udało Ci się nawiązać przyjemne połączenie, które jest trwałe.

Na pewnym etapie związku możesz napotkać sytuacje, w których aktywność lub sytuacja społeczna, w którą chciałeś się zaangażować, wykraczała poza strefę komfortu Twojego partnera. Aby zachować spokój w związku i uniknąć nieporozumień, ważne jest, aby oboje partnerzy rozumieli, gdzie kończy się ich poziom komfortu i jak daleko można go popchnąć, aby się od niego oddalił.

Jeśli jesteś ekstrawertykiem, a Twój partner jest introwertykiem, może nie lubić uczęszczania na tak wiele imprez i zajęć na świeżym powietrzu jak Ty. Dlatego znalezienie akceptowalnego kompromisu, w którym żaden z partnerów nie czuje się ograniczony przez zbyt długie przebywanie w pomieszczeniach zamkniętych; i sytuacja, w której żadne z nich nie czuje się prześwietlone z powodu ciągłych interakcji społecznych, jest kluczem do wspólnego znalezienia szczęścia.

Aby uwzględnić ich preferencje, zacznij od zrozumienia ich nastrojów – na przykład kiedy mają ochotę wyjść, a kiedy chcą spędzać więcej czasu w domu z Netflixem i książkami. Staraj się także nie wychodzić z domu przez kolejne dni i pozwól, aby rezerwy energii naładowały się przed ponownym wyjściem. Te drobne zmiany w Twoim nastawieniu pokażą im, że dbasz o ich preferencje, jednocześnie zachęcając ich do wyjścia poza swoją strefę komfortu, aby zadowolić także Ciebie!

Badania wykazały, że gdy pary czują się swobodnie w swoich związkach towarzyskich, szanse na ich dłuższe trwanie znacznie wzrastają. I odwrotnie, osiągnięcie poziomu komfortu oznacza mniej emocji i nowych doświadczeń do odkrycia, a także ryzyko, że z czasem staną się nieaktualne. Jak więc pogodzić poziom komfortu obojga partnerów, jednocześnie utrzymując romans przy życiu?

Spróbujcie czasem zaskoczyć siebie nawzajem – nie czymś tak wielkim, jak zakup nowego samochodu bez uprzedniej konsultacji z partnerem – zamiast tego skupcie się na mniejszych, znaczących gestach, takich jak zapewnienie jego ulubionego posiłku po powrocie z pracy, założenie do łóżka najseksowniejszej bielizny lub planujesz randki-niespodzianki, aby pokazać swojej miłości, jak bardzo jesteś troskliwy. Te małe niespodzianki dodadzą elementu zaskoczenia bez wychodzenia zbyt daleko poza strefę komfortu.

Pary, które czują się zbyt komfortowo, mogą łatwo wpaść w strefę zakazu rozmów, oczekując, że ich partner będzie mógł je przeczytać, bez konieczności mówienia czegokolwiek. Ale rzeczywistość często pokazuje, że jest inaczej!

Zrozumienie siebie może łatwo przyjść innym w oparciu o wzorce i przewidywalne zachowania, ale czasami po prostu nie mogą one spełnić Twoich oczekiwań. Kiedy to nastąpi, komunikacja i wyrażanie swoich uczuć staje się najważniejsze; nie tłum uczuć, gdy się pojawiają; zamiast tego wyrażaj je otwarcie! Jeśli coś zraniło Cię głęboko lub emocjonalnie, jeśli potrzebuje kogoś, z kim może usiąść lub potrzymać go za rękę, po prostu daj mu znać! Szczera rozmowa jest zawsze najskuteczniejszym sposobem nawiązania kontaktu z najbliższymi.

Jeśli wyrażanie emocji nie jest czymś, co Twój partner czuje się komfortowo, dostosuj się do niego, ucząc się jego sygnałów niewerbalnych i nie naciskaj zbyt mocno, aby wyrażał siebie. Z biegiem czasu zauważysz, że doceniają to, że pozwalasz im pozostać w ich strefie komfortu.

Strefa komfortu Twojego partnera to przestrzeń, w której pozwala Ci naprawdę zobaczyć go takim, jakim naprawdę jest – zarówno jego mocne strony, jak i wady. Ucząc się przebywać z nimi w tej strefie, łatwiej odkryjesz ich osobowość i nauczysz się ją łatwo interpretować.

Bycie wrażliwym
W tej książce obszernie mówiliśmy o wrażliwości i warto powtarzać, że ekspozycja emocjonalna daje siłę, aby otworzyć się na doświadczenia i miłość. Wiele osób boi się pokazać swoją bezbronność, ponieważ uważają, że to sprawia, że wyglądają na słabe – to po prostu nieprawda! Dlatego.

Dzieląc się swoim prawdziwym sobą z najbliższymi, okazujesz swoją odwagę, by być postrzeganym takim, jakim naprawdę jesteś i bycie widzianym takim, jakim naprawdę jesteś – tworząc poczucie przynależności, miłości i autentyczności w relacjach, które mają największe znaczenie.

Występowanie z odwagą i bycie bezbronnym ma wiele zalet emocjonalnych. Umieszczając się w sytuacjach, które czynią cię bezbronnym, na przykład umieszczając się w sytuacjach, które sprawdzają twoją siłę charakteru i sprawdzają, na ile jesteś w stanie poradzić sobie z trudnymi scenariuszami, budując pewność siebie, jednocześnie wzmacniając odporność na przeszkody po drodze.

Okazywanie wrażliwości przyjaciołom, partnerom i rodzicom może sprzyjać empatii. Dzięki temu będą świadkami Twoich słabych punktów, które zwykle ukrywasz przed innymi – mówiąc im, że są ważniejsi niż wszyscy inni, otwierając przed nimi tę stronę.

Empatia nie tylko poprawia relacje z innymi, ale także wzmacnia połączenie z samym sobą. Akceptując niepożądane lub słabe aspekty siebie i akceptując je jako część tego, kim jesteś, empatia zwiększa samoakceptację, a tym samym przyczynia się do ogólnego dobrego samopoczucia.

Oto kilka sugestii, które pomogą Ci stać się bezbronnym: * Bądź otwarty na ryzyko, które może skutkować odrzuceniem. Komunikuj szczerze o tym, czego chcesz od związku – w szczególności o swoich oczekiwaniach i granicach – a także o tematach osobistych, o których zazwyczaj nie rozmawiasz z nikim innym, takich jak sprawy osobiste, które pojawiają się w rozmowie lub omawianie błędów popełnionych w związkach z przeszłości.

* Omów zdarzenia, które wywołują uczucie strachu, wstydu lub żalu.

Jak dotąd zbadaliśmy tylko kilka sposobów, w jakie akceptacja wrażliwości pomaga się rozwijać; otwiera drzwi do zmian, jednocześnie budując elastyczność.

Zmiana może być dla wielu zniechęcająca, ponieważ wiąże się z opuszczeniem strefy komfortu i wyruszeniem na nieznane terytorium. Dlatego proces ten wymaga szeroko zakrojonej pracy – pierwszym krokiem jest nauczenie się bycia bezbronnym. Wyobraź sobie, że próbujesz przełamać nieokreślony zły nawyk, taki jak nadmierne jedzenie, które negatywnie wpływa na Twoje zdrowie, wygląd i budżet. Aby jednak odnieść sukces, musisz najpierw zidentyfikować jego pierwotną przyczynę; co w ogóle skłania Cię do jedzenia? Czy jesz, aby uciec od emocji, stresu lub niepokoju, czy też z nudów? Aby przezwyciężyć uzależnienie od jedzenia, należy szczerze spojrzeć w głąb siebie – uznanie swoich mrocznych nawyków nie zmieni się z dnia na dzień, tak jak nie mogą zmienić się uczucia.

Zmiana wymaga uczciwej, pozbawionej odchyleń samoanalizy – a wrażliwość jest bramą do tego wszystkiego!

Wrażliwość może otworzyć Twój umysł na nowe perspektywy. Kluczem do akceptacji różnorodnych punktów widzenia i pomysłów jest zaakceptowanie faktu, że Twoje doświadczenia nie były wyczerpujące; chwilowa rezygnacja z przekonań i wartości na rzecz innych punktów widzenia może być wyzwaniem; jednak wrażliwość pomaga ci dostrzec, że poza tobą jest coś więcej, gdy zaczynasz rozpoznawać, że istnieją ludzie żyjący poza twoimi pragnieniami i potrzebami, a także akceptujesz jednakowo wszystkie perspektywy, aby stworzyć znaczące więzi z tymi ludźmi, którzy tam żyją.

Jest takie odwieczne powiedzenie: wszystko, co dajesz światu, wraca do ciebie w takiej czy innej formie. Odnosi się to równie dobrze, jeśli chodzi o relacje i powiązania – to, co wniesiesz, odbije się na tobie w naturze; na przykład miłość, empatia, tolerancja i cierpliwość zaprocentują w postaci silnych i znaczących powiązań i odwrotnie.

Teraz, gdy już wiesz, jak ludzie pracują, czas wykorzystać całą tę wiedzę! W tej części dobrze wykorzystamy całą Twoją wiedzę – rozszyfrowanie nawet najpilniej strzeżonych tajemnic może być trudne; tutaj będziemy badać, co zdradza ludzi, szybko wykrywać kłamstwa i przełamywać wszelkie bariery, które ludzie często sobie stawiają.

Ludzie czytający skupiają się na zwracaniu uwagi na drobne szczegóły i obserwacje, które często przechodzą niezauważone. Jako doświadczony czytelnik nie możesz pozwolić, aby nawet drobne różnice, takie jak machanie nosem czy drganie paznokci, pozostały niezauważone; dlatego też ta sekcja ma na celu nauczenie Cię, jak identyfikować te mikroszczegóły, które pomagają w dokonywaniu dokładnych ocen.

Czy zauważyłeś kiedyś, jak ktoś wygląda, gdy kłamie? Niestety nie ma jednej odpowiedzi, ponieważ każdy człowiek wykazuje inne oznaki kłamstwa. Język ciała, wyraz twarzy, dobór słów i nawyki mogą zdradzić, czy ktoś kłamie. Werbalne i niewerbalne sygnały, takie jak te, mogą pomóc w odróżnieniu kłamstwa od prawdy – choć możesz nie rozpoznać samego terminu „punkt odniesienia"!

Bazowanie na danych osobowych daje możliwość oceny poszczególnych osób pod kątem ich prawdomówności. Zapewniając obiektywną miarę, względem której można porównać i ocenić, czy ich zachowanie nie jest nietypowe, czy po prostu wskazuje na normalne zachowanie.

Jak zatem rozpoznać podstawowe zachowania? Oto trzy proste kroki, które Ci w tym pomogą!

Krok 1: Zacznij od uścisku dłoni.

Jak to mówią, pierwsze wrażenie trwa i masz tylko jedną szansę, aby wygłosić o kimś pierwsze, wywierające wpływ oświadczenie. Potraktuj to także jako idealny moment na ocenę działań danej osoby, ponieważ większość z nich jest najbardziej pozytywna podczas pierwszego spotkania.

Sprzedawcy i ankieterzy biegle posługują się tą umiejętnością, często tworząc pozytywne pierwsze wrażenie na klientach lub potencjalnych pracownikach już po jednym uścisku dłoni. Ich sekret? Zwracaj szczególną uwagę na wzrok, jakość głosu i postawę, gdy witasz nowo przybyłych poprzez powitalny uścisk dłoni.

Niezależnie od tego, czy jesteś w sytuacji towarzyskiej, czy zawodowej, śledzenie sygnałów społecznych innych osób i robienie notatek w pamięci pozwoli Ci szybciej je ocenić. Chociaż czasami może to wydawać się natrętne, wiedz, że wszystkie te dane i tak podświadomie przychodzą do naszych umysłów; podejmując świadomy wysiłek, aby zapamiętać jego obecność, możemy szybko nawiązać powiązania w zakresie zachowania.

Podając komuś rękę, zwróć uwagę na sposób, w jaki prowadzi pogawędkę, opowiada dowcipy i odpowiada na osobiste pytania w naturalnym otoczeniu. Informacje te mogą pomóc w ustaleniu wartości bazowej.

Krok 2: Stymuluj różne reakcje, zadając pytania.

Kluczem do stworzenia dokładnego punktu odniesienia jest zebranie normalnych reakcji danej osoby w różnych sytuacjach — jak reaguje, gdy jest szczęśliwy, smutny lub znudzony, to tylko przykłady — chociaż może to być trudne w codziennych sytuacjach, takich jak pogrzeby — chociaż czasami zadaje się konkretne pytania, aby ocenić reakcje mogłyby zapewnić im bliższy wgląd.

Czy David lub Jane wykazują oznaki dyskomfortu, gdy mówisz im „nie"? Czy Kevin podnosi brwi, rozmawiając z Taylor?

Twoje reakcje w okolicznościach niezagrażających będą podstawą reakcji tej osoby w bardziej niebezpiecznych sytuacjach.

Ruch oczu można wykorzystać jako wskaźnik odchylenia od normalnego zachowania. Według badaczy na całym świecie osoby angażujące się w nieuczciwe działania zwykle utrzymują kontakt wzrokowy podczas mówienia, chociaż ich wzór różni się od normalnych warunków – na przykład podczas mówienia mogą patrzeć w dół lub gdzie indziej; lub na początku wykazuj stały kontakt wzrokowy, ale potem zmień go, gdy pytania wyzwalające lub stresory spowodują nagłą zmianę; podobnie mruganie wolniej lub szybciej niż zwykle może również sygnalizować, że dzieje się coś podejrzanego.

Inne aspekty, na które należy zwrócić uwagę podczas prowadzenia linii bazowych, to pozycja siedząca i stojąca, szybkość i ton głosu, styl śmiechu, tiki nerwowe, gesty rąk oraz wyrazy podniecenia i zaskoczenia. Wielu nie zdaje sobie sprawy, że ich twarz często zdradza prawdziwe emocje za pomocą mikroekspresji, takich jak krótkie uśmiechy lub uniesienie brwi, które trwają tylko milisekundy, ale ujawniają dokładnie, jak dana osoba naprawdę się czuje – w przeciwieństwie do mowy ciała, którą można częściowo kontrolować poprzez świadomość z tego.

Specjaliści zgadzają się, że emocje okazywane podczas mówienia mimiką nie zawsze wskazują na poczucie winy; czasami po prostu nie chcą wyrazić tego, co myślą. Kiedy ktoś wykazuje takie objawy, zbadaj dalej, zadając konkretne pytania, dlaczego tak się czuje.

Krok 3: Zachowaj w pamięci zapis podstawowego zachowania.

Ostatnim kluczem do rozwiązania tej zagadki jest mentalne zapamiętywanie wszystkiego, co obserwujesz. Jeśli to konieczne, zapisz ich zachowanie wraz z dodatkowymi informacjami, takimi jak współmałżonek, zawód lub adres w rodzinnym mieście – szczególnie jeśli masz słabą pamięć! Podanie tych dodatkowych szczegółów może pomóc w szybszym łączeniu punktów i łatwiejszym przypominaniu sobie innych szczegółów; po prostu nie zapisuj wszystkiego, pozwól swojemu mózgowi zapamiętać!

Czy byłeś kiedyś na przyjęciu, na którym podczas opowiadania grupie ludzi wciągającej historii z pracy w odpowiedzi usłyszano jedynie: „O tak! Świetnie. Podają krewetki?" i Twoja energia szybko się rozproszyła, gdy szybko dokończyłeś swoją historię, nie czując satysfakcji z tego, jak się sprawy potoczyły?

Stało się tak, że ktoś tylko w połowie słuchał i zadał nieistotne pytanie, które zabiło zarówno dialog, jak i nastrój. Aby rozmowa przebiegała sprawnie, zwracaj uwagę i zadawaj odpowiednie pytania – dzięki temu rozmówcy będą mówić swobodniej, a Ty w rezultacie uzyskasz głębszy wgląd w nie, a Ty w zamian będziesz mógł lepiej je przeczytać. To jak efekt domina!

Zaproszenie jest jednym z podstawowych narzędzi komunikacji; informuje obecnych, że nadeszła ich kolej na zabranie głosu, oferując jednocześnie sugestie dotyczące tematów, które mogliby poruszyć.

Przykład: pytanie: „Jak ci się podobała ostatnia książka, którą przeczytałeś?" otwiera zaproszenie do rozmowy na konkretny temat poruszony w pytaniu.

Zaproszenia te służą jako niezbędna siatka bezpieczeństwa, gdy rozmowa zeszła z toru. Jeśli masz trudności ze znalezieniem tematów do rozmowy, spróbuj dodać zaproszenie do miksu – zwłaszcza jeśli dotyczy to czegoś, co omawiałeś wcześniej! Inaczej nie zaszkodzi zakładanie zupełnie nowych tematów.

Zaproszenia mogą mieć formę pytań lub oświadczeń. Korzystając z zaproszeń opartych na pytaniach, pamiętaj, aby język był otwarty i przystępny, aby zapewnić maksymalną reakcję.

Dzięki tym pytaniom otwartym osoba stojąca przed tobą może rozwinąć temat zamiast udzielać krótkich odpowiedzi. Na przykład pytanie: „Czy podróż była udana?" prawdopodobnie zakończy się odpowiedzią tak lub nie. Natomiast pytanie „Jak minęła podróż?" możesz otrzymać bardziej szczegółowe odpowiedzi, które pokażą drugiej osobie, że Ci zależy i zmotywują ją do podzielenia się z Tobą dodatkowymi szczegółami swojej podróży.

Zainteresowanie poznaniem innej osoby demonstruje swoje. Tworzy to wzmacniającą więź między tobą a tą osobą i pozwala jej bardziej się otworzyć.

Podobnie jak zadawanie wnikliwych pytań, zadawanie wnikliwych pytań pokazuje Twoje zainteresowanie. Kierując się klasyczną zasadą „pokaż, nie mów", zadając wnikliwe pytania, pokażesz ludziom, że ci zależy – uważaj jednak, aby nie być wścibskim!

Następnie przychodzi nasze zadanie zadawania dobrych i wnikliwych pytań.

Wykonanie tego ostatniego nie da ci większego wglądu w ich prawdziwe ja, ponieważ nawet oni nie zrozumieją, dlaczego jesteś zainteresowany. Mogą założyć, że zależy Ci na pogodzie bardziej niż oni! Podobnie, zadając intymne pytania, takie jak: „Jakie jest twoje najgłębsze, najciemniejsze pragnienie?", możesz sprawić, że poczują się niekomfortowo i będą chcieli jak najszybciej od ciebie uciec.

Zacznij od małego i intuicyjnego. W miarę postępu pytań, stopniowo zadawaj pytania bardziej intymne, biorąc pod uwagę poziom komfortu drugiej osoby. Jeżeli w którymkolwiek momencie będą sprawiać wrażenie zaniepokojonych Twoimi pytaniami lub okazywać oznaki dyskomfortu, przestań. Zamiast tego wróć do mniej inwazyjnych pytań, dopóki nie otrzymasz pozwolenia na dalsze głębsze badanie.

Zanim jednak zagłębimy się w czyjąś osobowość, należy pamiętać o dwóch ważnych kwestiach.

Przede wszystkim przejście związku z formalnego do intymnego nie następuje z dnia na dzień; jest to raczej proces stopniowy, który wymaga kilku rozmów w czasie. Na początku rozmowy mogą dotyczyć powierzchownych tematów, takich jak rodzina i hobby; z biegiem czasu mogą one rozszerzyć się na osobiste dyskusje, takie jak przeszłe związki lub traumy z dzieciństwa.

Przypomnij sobie, że każda rozmowa daje szansę na zbudowanie relacji i uzyskanie lepszego wglądu w daną osobę. Z biegiem czasu mogą czuć się bardziej swobodnie, dzieląc się swoimi danymi osobowymi.

Po drugie, zbuduj zaufanie. Jeśli poprosisz kogoś o wyjawienie intymnych szczegółów ze swojego życia, bądź przygotowany na to samo w zamian. Dzielenie się szczegółami o sobie otworzy kanał zaufania między wami, który może budować pewność siebie w każdym związku.

Pytania zaproszeń świetnie otwierają dialog, ale same nie załatwią tego zadania. Dlatego używaj kolejnych zapytań, aby poszerzyć dialog.

Mówiąc prościej, zadawanie komuś pytań typu: „Jak się z tym czujesz?" lub „Dlaczego to powiedziałeś?" okazuje prawdziwą ciekawość ich historii lub przesłania i zapewnia im potwierdzenie, że ich myśli są przez kogoś cenione. Daje to również szansę zademonstrowania wartości, gdy uważnie słuchasz rozmów, które w innym przypadku mogłyby wydawać się dla ciebie zbyt niewygodne lub nudne.

Następnym razem, gdy ktoś będzie mówił niejasno, zamiast po prostu kiwać głową i szybko mówić dalej, zapytaj: „Co chciałeś przez to powiedzieć?" Aby przedłużyć i prowadzić bardziej znaczące rozmowy, oto kilka dodatkowych pomysłów:

* Co porabiasz obecnie, twoja siostra/brat/małżonek? * Jak minął Ci dzień i jaka była jego najbardziej ekscytująca część? * Dlaczego poczyniłeś tak przemyślaną uwagę? * Czy mógłbyś rozwinąć i pomóc mi to lepiej zrozumieć?

* Czy wierzysz, że Twoje myśli zmienią się w tej kwestii i ostatecznie zmienią zdanie na ten temat?

Zanim odpowiesz na każde pytanie, daj drugiej osobie czas i przestrzeń na odpowiedź, nie przerywając jej. Słuchanie jest kluczem do lepszego poznania kogoś!

Einstein radził słynnie: „Kwestionuj wszystko". Zadawanie wnikliwych pytań osobom, z którymi współpracujemy, pomaga tworzyć efektywne interakcje, budować relacje oparte na zaufaniu i tworzyć znaczące więzi.

Jak często myślałeś: „Mam dość. Oni zawsze kłamią!"? Niezależnie od tego, czy po nieudanym związku, czy obietnicy awansu zawodowego zbłądziła, kłamstwo zawsze rozczarowuje i może sprawić, że kwestionujemy nasz osąd i ufamy osobom, którym kiedyś ufaliśmy coraz mniej. A co jeśli jest wyjście? Ten rozdział wyposaży Cię w narzędzia, dzięki którym staniesz się swoim własnym wykrywaczem kłamstw, dzięki czemu będziesz mógł szybko rozpoznać podejrzane znaki i nauczyć się ufać tylko godnym zaufania osobom.

Prawdę mówiąc, większość ludzi od czasu do czasu kłamie. Czasami mogą to być po prostu drobne, białe kłamstwa w stylu: „Nie, kochanie, w tej sukience nie wyglądasz grubo!" ale w innych przypadkach kłamstwa mogą być bardziej oczywiste, na przykład: „Moja mama była chora, dlatego się dzisiaj spóźniłem", lub wręcz zwodnicze, na przykład: „Nie mam romansu; kolejną noc spędziłem w pracy".

Jednak większość ludzi słabo rozpoznaje kłamstwa, co prowadzi ich do oszukania. Badanie przeprowadzone w tym obszarze wykazało, że tylko 54% uczestników potrafiło poprawnie wykryć kłamstwa.[16]

Różnice w zachowaniu między osobami, które kłamią, a tymi, które mówią prawdę, mogą być trudne do oceny, ponieważ nie ma wyraźnych znaków rozpoznawczych, które pozwoliłyby zidentyfikować którąkolwiek z grup; jednakże subtelne wskaźniki mogą pomóc w odróżnieniu jednego od drugiego. Jak wspomniano wcześniej w innym rozdziale, odchylenia od zachowania wyjściowego są kolejnym wskaźnikiem kłamstwa.

Należy jednak pamiętać, że wykrywanie kłamstw w dużej mierze opiera się na zaufaniu swojej intuicji. Wiedząc, na jakie znaki należy zwracać uwagę i ucząc się, jak je interpretować, wykorzystując swoją wiedzę i instynkt, wykrywanie kłamstw stanie się dla Ciebie znacznie prostsze.

Psychologowie i badacze z różnych branż przeprowadzili szeroko zakrojone badania na temat oszustw i mowy ciała, aby pomóc organom ścigania szybciej i dokładniej wykrywać oszustów i kłamców. Wynik tego badania ujawnił kilka potencjalnych sygnałów ostrzegawczych, które mogą wskazywać na oszustwo:

* Celowe podawanie niejasnych informacji poprzez dobrowolne podanie minimalnych szczegółów; Brak możliwości podania szczegółów dotyczących jakiegokolwiek zdarzenia lub incydentu

Powtarzanie zdań lub pytań podczas odpowiadania na konkretne pytania; Mówienie fragmentami zdań.

* Wykazywanie zachowań pielęgnacyjnych, takich jak przyciskanie palców do ust lub manipulowanie pasmami włosów

Podobnie jak w przypadku wszystkiego innego, praktyka czyni mistrza również w wykrywaniu kłamstw. Czytanie badań i zdobywanie wiedzy może zaprowadzić cię tylko do tej pory; aby naprawdę opanować wykrywanie kłamstw, należy zwracać szczególną uwagę i być w 100% świadomym.

W związku z tym skupiamy się teraz na wskaźnikach lub znakach, na które należy zwrócić uwagę, próbując wykryć oszusta.

Przede wszystkim miej świadomość, na jakie sygnały należy zwracać uwagę. Chociaż ludzie polegają na prawidłowych sygnałach, aby wykryć kłamstwa, ich wiarygodność jako wskaźników kłamstwa może być ograniczona. Niektóre typowe sygnały oszustwa, które ludzie obserwują, obejmują:

* Okazywanie obojętności: Kiedy ktoś próbuje zachować neutralność emocjonalną, tłumiąc ekspresję i nie okazując żadnych słów, może okazać brak ekspresji, przyjąć beznamiętną postawę lub wzruszyć ramionami, aby nie ujawniać zbyt wielu informacji.

* Niespójność głosu: Jeśli mówca wydaje się niepewny siebie i zaczyna mamrocze lub jąkać podczas mówienia, może to być spowodowane tym, że jego mózg nie jest w stanie myśleć wystarczająco szybko, aby ukryć kłamstwa.

* Nadmierne myślenie: Kiedy wydaje się, że ktoś ma zamiar zniekształcać prawdę, często może to skutkować nadmiernym myśleniem. Dzięki odpowiedniej wiedzy na temat znaków, na które należy zwracać uwagę, oraz umiejętności skutecznego oceniania sytuacji w danej sytuacji, zrozumienie może stać się znacznie prostsze.

Po drugie, nie polegaj wyłącznie na mowie ciała. Większość książek i blogów o wykrywaniu kłamstw zaleca skupienie się wyłącznie na mowie ciała – subtelnych zmianach w zachowaniu i oznakach fizycznych, które ujawniają, kto jest nieuczciwy – aby złapać oszustów. Jednak obecnie badania wskazują, że sygnały mowy ciała mogą pomóc w wykryciu kłamstw, ale nie zawsze są wiarygodnymi wskaźnikami oszustwa.

Howard Ehrlichman, psycholog, odkrył, że zmiany w ruchach oczu nie zawsze wskazują na kłamstwo; mogą być po prostu spowodowane odzyskaniem informacji z pamięci długotrwałej lub zbyt intensywnym myśleniem.[17]

Z tych i innych badań można wyciągnąć wniosek, że mowa ciała, choć często dokładna, nie zawsze jest najlepszym wskaźnikiem kłamstwa. Znajomość kogoś i jego wzorców zachowań daje przewagę w odróżnianiu kłamstwa od podstawowych wzorców zachowania.

Po trzecie, poproś ich, aby opowiedzieli swoją historię – od tyłu! Teoria leżąca u podstaw tego ćwiczenia jest taka, że niewerbalne i werbalne sygnały odróżniające prawdę od kłamstw stają się bardziej widoczne wraz ze wzrostem obciążenia poznawczego – dzieje się tak dlatego, że kłamanie jest procesem wyczerpującym w porównaniu z mówieniem prawdy – dlatego ludzie mówią „jeśli powiesz prawdę, nie musisz pamiętać wszystkich jego szczegółów”.

Celowe kłamstwa są czynnościami wymagającymi większego wysiłku poznawczego; osoby angażujące się w nie wymagają dużej ilości zasobów umysłowych, próbując ukryć wszelkie informacje, które mogłyby ujawnić ich kłamstwa, monitorując zarówno własne zachowanie, jak i słuchaczy. Ustalenie wiarygodności i przekonanie innych do ich historii wymaga wysiłku, ale w połączeniu z żądaniem opowiedzenia jej od tyłu, możesz zacząć dostrzegać wszelkie pęknięcia w ich narracji lub rozbieżnościach w zachowaniu. Badania potwierdziły tę teorię. Jeśli historia wydaje się mało szczegółowa lub jest całkowicie zmyślona, pamiętaj, jakie szczegóły powtórzyły się za pierwszym razem! Dzięki temu odróżnisz kłamstwo od prawdy.

Jak wspomniano wcześniej, zaufaj swojemu instynktowi! Jak wskazano wcześniej, podążanie za instynktem może być najlepszą bronią w walce z wykrywaniem kłamstw. Liczne badania wykazały, że wewnętrzne wskaźniki podświadomości są skuteczniejsze niż świadome strategie w wykrywaniu oszustwa. Ludzie posiadają intuicyjne, nieświadome dane, które pomagają rozpoznać oszustwo, jeśli zwrócimy na nie uwagę.

Chociaż instynkty mogą być wysoce niezawodne, ludziom często brakuje umiejętności lub zdolności do dokładnego ich wykorzystania i są podatni na oszukańcze myślenie. Niestety jednak świadome myśli lub reakcje mogą zakłócać automatyczne skojarzenia – zamiast ufać instynktowi, twoje świadome myśli zaczynają analizować wzorce lub stereotypowe działania i ostatecznie wmawiają sobie, że całkowicie im nie ufasz. Wystarczająca znajomość siebie pozwala rozpoznać instynktowne reakcje, nie kładąc przy tym nadmiernego nacisku na zachowania, które prowadzą do zwątpienia i powodują, że zastanawiasz się, czy to czasami może zadziałać!

Na koniec obserwuj zmianę poziomu ufności. Zwrócenie uwagi pokaże ci, że styl potencjalnego oszusta zmienia się, gdy spotyka się z nim konfrontacja; większość kłamców czuje się bezpiecznie w swojej ograniczonej strefie kłamstwa, gdzie ma kontrolę; jeśli jednak cokolwiek podważa ich słowa, może to spowodować utratę kontroli i tym samym znaczne obniżenie poziomu pewności siebie.

Kiedy zaczną czuć presję, możesz zauważyć, że zmieniają swoją narrację lub udzielają niespójnych odpowiedzi na temat pewnych wydarzeń, stają się bardziej niekonsekwentni w swoich odpowiedziach i zmieniają sposób, w jaki je opisują. Obserwując takie zmiany w zachowaniu, możesz dostrzec luki w ich historii i zidentyfikować ich prawdziwe intencje.

Pamiętaj, że określenie, czy ktoś przed tobą mówi prawdę, czy wymyśla historie, może być trudne; być może są biegli w ukrywaniu informacji, a może twoje zaufanie może sprawić, że trudno ci będzie dostrzec cokolwiek niepokojącego. Jednak znaki i wskaźniki opisane powyżej mogą wskazywać, że ktoś coś przed tobą ukrywa.

Następnym razem, gdy będziesz musiał ocenić czyjąś uczciwość, zwróć szczególną uwagę na wszelkie subtelne wskazówki powiązane z kłamstwami. Jeśli to konieczne, zwiększ presję, sprawiając, że opowiadanie swojej historii będzie dla nich racjonalnie obciążające. Trzymając się tych praktyk i trzymając się tych wskazówek w sercu, będziesz w stanie szybko wyeliminować ze swojego życia osoby, które są wobec ciebie nieuczciwe.

Jak rozpoznać, że ktoś kłamie poprzez zaniechanie? Jak ustalić, czy ktoś kłamie poprzez zaniechanie? Jeśli ktoś nie kłamie wprost, ale zamiast tego przedstawia tylko część prawdy, czy uważa się to za kłamstwo, czy po prostu komunikowanie się? Kłamanie przez zaniechanie to sprytna taktyka stosowana w celu uniknięcia mówienia o wszystkim, co się wydarzyło; dla celów protokołu należy je uznać za kłamstwo, ponieważ uniemożliwia odbiorcy dokładne zrozumienie. Na przykład dziecko może powiedzieć Ci, że włożyło lody do zamrażarki, a później wyszło i samo zjadało wszystko; dla informacji należy to zakwalifikować jako kłamstwo, ponieważ uniemożliwia to odbiorcy zobaczenia zobaczenia wszystkich stron. Na przykład dziecko może powiedzieć, że włożyło lody do zamrażarki, ale potem nie wspomnieć, że wyjęło je później z miejsca, w którym zostały później wyjęte, zamiast opowiadać im szczegółowo o wszystkich faktach, takich jak wyjęcie lodów później i zjedzenie ich później, kiedy o które pytasz, jak to możliwe.

Jednakże ich odpowiedź nie zawierała wystarczających szczegółów, jeśli pytanie brzmiało: „Gdzie poszły lody?"; niezależnie od tego, jak dokładna była ich historia.

Problem z kłamstwem polegającym na pomijaniu kłamstw polega na tym, że większość osób go używających nie uważa tego za kłamstwo, dlatego nie są tak niechętne ani nie wykazują typowych oznak kłamstwa. Aby w pełni zrozumieć, dlaczego ktoś kłamie, musimy poznać jego motywację; ludzie mogą zatajać ważne informacje ze względu na wstyd, poczucie winy lub strach, ale ponieważ niechętnie opowiadają pełne kłamstwa, śledczym może łatwiej dojść do prawdy, jeśli ktoś pominie ważne szczegóły w rozmowach.

Szukaj oznak świadczących o tym, że ktoś czuje się niekomfortowo podczas omawiania ważnego tematu. Czy brzmią niejasno, czy nie robią zbyt wielu przerw, unikają kontaktu wzrokowego? Zadawaj konkretne pytania dla jasności, aby zmusić ludzi do świadomego podejmowania decyzji o tym, czy podzielić się konkretnymi szczegółami, czy nie, nie mogąc już dłużej ukrywać się za „nie kłamię", dzięki czemu łatwiej poznasz całą prawdę niż wtedy, gdy ktoś kłamie swobodnie bez wahania. Nawet jeśli ktoś kłamie, jego oznaki będą prawdopodobnie łatwiejsze do wykrycia w porównaniu z osobą, która wielokrotnie kłamie bez wahania.

Czy spotkałeś kiedyś osobę, która od razu wzbudziła Twój niepokój, ale nie mogłeś określić, dlaczego wydała Ci się niekomfortowa? Czy coś wydawało się niewłaściwe w ich sposobie patrzenia na Ciebie, ale nie mogłeś określić, co dokładnie? Czy sprawiały, że czułeś się niekomfortowo, ale nie mogłeś zrozumieć, dlaczego tak wyglądają? Jeśli brzmi to znajomo, rozwiązaniem może być rozdział 22: Uzyskiwanie dokładności podczas cienkiego krojenia.

„Coś było nie tak." Na próżno próbowałbyś wyjaśnić współmałżonkowi, dlaczego nie wybrałeś tego konkretnego dentysty do zabiegów stomatologicznych lub dlaczego odrzuciłeś imponującą ofertę pracy.

Codziennie mamy kontakt z różnymi ludźmi; niektóre ledwo znamy, a inne pozostawiają trwałe wrażenia. Możesz pamiętać osobę, którą krótko spotkałeś w parku, jako ciepłą lub miłą, podczas gdy inny nieznajomy może wyróżniać się jako niegrzeczny lub dziwny.

Czy wszystkie nasze początkowe osądy są nieuzasadnione i wynikają z naszych uprzedzeń? Może nie! Być może pierwsze wrażenie ma znaczenie, ponieważ ujawnia coś o kimś, czego nasze świadome umysły po prostu nie są jeszcze w stanie pojąć. Ta umiejętność szybkiego, ale dokładnego wyciągania wniosków na temat ludzi nazywana jest cienkim krojeniem.

Pierwsze wrażenia lub osądy na temat czyjejś osobowości nie powstają przez przypadek – w rzeczywistości są one tworzone przez naszą podświadomość przetwarzającą informacje znacznie szybciej, niż nam się wydaje! Dlaczego niektórzy z nas potrafią dokonywać lepszych ocen niż inni, pytasz?

Tym, co odróżnia tych, którzy dokonują trafnych osądów od tych, którzy tego nie robią, jest ich zaufanie do swojej „intuicji". Słuchają tego, co podpowiada im przeczucie i rozwijają te umiejętności poprzez świadomy wysiłek.

Cienki plasterek można naukowo zdefiniować jako umiejętność dokonywania świadomych ocen na podstawie małych fragmentów informacji. Liczne eksperymenty udowodniły, że nasze wnioski na temat danej osoby są spójne niezależnie od tego, jak długo z nią rozmawiamy – od pięciu sekund czy pięciu minut![18] Nasza podświadomość obserwuje u tej osoby subtelniejsze cechy, takie jak mruganie powiekami, sztywna postawa, uśmiechy czy gesty, które zwykle prześliznąć się obok nas tak, aby nie zauważył tego nasz świadomy umysł.

Czy to nie może być niesamowite? Dokładne przyjmowanie założeń na temat kogoś na podstawie samego stwierdzenia lub mikrocechy może być niezwykle dokładne.

Dlaczego więc do tej pory nie byliśmy biegli w czytaniu ludzi w myślach? Przede wszystkim dlatego, że nie potrafimy sformułować tych sądów. Brak wystarczającej liczby szczegółów na wyciągnięcie ręki oznacza, że to niewerbalne dekodowanie odbywa się, nawet nie zdając sobie z tego sprawy, co nadaje pierwszemu wrażeniu tak duże znaczenie, mimo że nie odzwierciedla ono rzeczywistości, a zamiast tego działa jako sygnały z naszej podświadomości, które mogą zawierać dla nas odpowiedzi.

Jako ludzie jesteśmy zaprogramowani, aby ufać tylko sobie w pewnych granicach. Negatywne nastawienie sprawia, że nie ufamy sobie zbyt mocno. Być może myślisz sobie: „Wszystko to brzmi wspaniale; jednak gdybym bardziej ufał swojemu przeczuciu, nie kupiłbym tej książki!"

Rozumiem twój dylemat; Zbyt częste ufanie swojemu przeczuciu prowadziło mnie na drogę przegranych w hazardzie! I choć nie jestem zwolennikiem pozwalania podświadomości kierować swoimi osądami, nasze mózgi są znacznie mądrzejsze, niż nam się wydaje! Czy wiesz, że nasze mózgi mogą przetwarzać 11 milionów bitów informacji na sekundę? Jednak wydaje się, że nasze świadome umysły są w stanie przetworzyć jedynie 40–50 bitów. [19] To ogromna przepaść pomiędzy tym, z czym faktycznie radzi sobie nasz mózg, a tym, z czym, jak nam się wydaje, jest w stanie sobie poradzić; chociaż być może przetwarzamy jedynie skromne 50 bitów, nasz podświadomy mózg już zaobserwował, wydedukował i sformułował opinie o wiele dokładniejsze niż wszystko, co mogła nam zapewnić nasza świadoma świadomość.

Dla porównania, nasza podświadomość wykonała znakomitą pracę w przetwarzaniu informacji; niestety po prostu nie doceniamy jego wysiłków w wystarczającym stopniu. Wyobraź sobie, że bardziej ufalibyśmy naszej podświadomości w dokonywaniu osądów; Aby uzyskać dostęp do ludzkich mózgów, może nie być potrzebna żadna inna umiejętność!

Odkrycie sztuki cienkiego krojenia wymaga od nas rozpoznania naszych podświadomych myśli i prawidłowego zinterpretowania naszej intuicji. Nie zakopuj tych drobnych osądów, które mogą umknąć niezauważone. Etykietując kogoś, zadaj sobie pytanie, dlaczego i zastanów się intensywniej: czy było to spowodowane przenoszeniem ciężaru ciała z nogi na nogę, czy też przygryzł wargę tuż przed wypowiedzeniem się?

Choć nasza podświadomość jest potężna, może również kolidować ze świadomymi uprzedzeniami i prowadzić do niefortunnych decyzji. Dlatego nie każdy przy podejmowaniu decyzji polega wyłącznie na przeczuciach – potencjalna moc leży w każdym z nas, wystarczy ją tylko odblokować i odpowiednio wykorzystać.

Cienkie krojenie polega na tym, aby dowiedzieć się więcej o kimś, mając minimalną ilość informacji. Ich maniery, mowa ciała, charakter pisma i ubiór ujawniają wiele na ich temat, jeśli tylko uważnie się im przyjrzymy i uświadomimy sobie naszą podświadomość. Według bestsellerowej książki Malcolma Gladwella „Blink" cienkie krojenie polega na korzystaniu z „adaptacyjnej podświadomości". Podczas gdy świadome umysły wyciągają wnioski na temat ludzi lub zdarzeń na podstawie świadomych obserwacji, korzystając z ocen opartych na dowodach, nieświadomość adaptacyjna wykorzystuje jako źródła oceny oparte na co najwyżej bardzo małych fragmentach dowodów.

Kiedy ćwiczymy i doskonalimy rzemiosło cienkiego krojenia informacji, nasz sukces zależy od umiejętności ćwiczenia i uczenia się z każdym zdobytym doświadczeniem.

Sięgając do swojej podświadomości i filtrując informacje zamiast ocen, możesz lepiej zrozumieć innych i przewidzieć ich zachowanie.

John Gottman, ceniony amerykański psycholog, przeprowadził dogłębne badanie z udziałem ponad 3000 par, aby stworzyć coś, co stało się znane jako „laboratorium miłości". Dzięki tej metodzie gromadzenia i dezagregacji informacji Gottman doszedł do wniosku, że przyszłość małżeństwa można przewidzieć, dzieląc istotne dane na cienkie plasterki – nie tylko gromadząc je wszystkie razem, ale także rozumiejąc ich znaczenie. Teoria ta skupiała się nie tylko na gromadzeniu faktów, ale także na określaniu, które informacje są najbardziej istotne.

I to jest dokładnie to, co ty też powinieneś robić. Twoja podświadomość będzie otrzymywać miliony bitów danych, ale Twój świadomy umysł musi teraz zdecydować, które informacje są ważne, a które nie. na tym polega wartość wiedzy zawartej w innych częściach książki; użyj jego narzędzi, aby rozpoznać, które działania, słowa i wskaźniki wymagają skupienia, a które nie są istotne z punktu widzenia lepszego zrozumienia ludzi.

Teoria Gottmana sugeruje skupienie się na ulotnej mimice i dialogach, które wydają się banalne, bez zwracania na siebie zbytniej uwagi. Chociaż nie przyniesie to natychmiastowych rezultatów, wymagana jest praktyka w rozpoznawaniu wzorców – musisz identyfikować osoby, które kłamią, dobrze strzegą swoich emocji lub ukrywają się za ekstrawertycznymi zachowaniami – aby w miarę upływu czasu Twoje świadome i podświadome umysły płynnie się ze sobą zgrały i umożliwiły obliczone oceny tego, co kryje się w czyimś umyśle. [23]

Czasami wszyscy próbujemy rozszyfrować, co ktoś ma na myśli, gdy używa wyrażeń takich jak „nie obchodzi mnie to" lub „dlaczego uważasz, że to ma znaczenie" lub „wszystko w porządku"; może to przypominać tykającą bombę, która wymaga szybkiego ustalenia ich prawdziwych zamiarów, zanim w związkach wyrządzone zostaną jakiekolwiek trwałe szkody! Zaczynasz żałować, że wiele lat temu nie zapisałeś się na warsztaty telepatii!

Interpretacja może być często trudna, zwłaszcza gdy nie używają słów, aby bezpośrednio przekazać swoje pomysły. Słowa to tylko część obrazu - aby uratować statek, trzeba zejść na dno oceanu i zlokalizować, gdzie czają się potwory - na tym polega czytanie między wierszami!

Czytanie między wierszami to sztuka, która może uratować nawet najbliższe relacje. Wymaga zrozumienia, które nie pozostawia miejsca na wyjaśnienia i pozwala stworzyć idealne środowisko do znaczących i produktywnych dialogów. Znaczenie często kryje się poza samymi słowami – dlatego kropki, przecinki i wykrzykniki odgrywają tak istotną rolę w przekazywaniu ich znaczenia.

Znaki, które ludzie dają, aby ujawnić swoje prawdziwe emocje, często można błędnie odczytać jako niewinne gesty; jednak te znaki należy zawsze traktować poważnie, ponieważ są to wskaźniki wskazujące, że to, co ludzie mówią, ma ukryte znaczenie; na przykład słowa takie jak „Chcę zawsze być z tobą" mogą wydawać się deklaracją miłości, ale w połączeniu z innymi sygnałami ostrzegawczymi w niepewnym związku mogą wskazywać na molestowanie lub manipulację.

Jak można się spodziewać w środowisku zamieszkiwanym przez ponad 8 miliardów osób o indywidualnych myślach i osobowości, jedno zdanie może nie oznaczać tego samego, gdy jest wypowiadane przez różne osoby w różnych kontekstach. Musisz uważniej słuchać, aby zrozumieć, co druga osoba chce przekazać. Według Gary'ego Wonga, cenionego inwestora i trenera na rynku nieruchomości, mamy dwoje uszu, ale tylko jedne usta, dlatego słuchanie powinno mieć pierwszeństwo przed mówieniem[23]. Bądź otwarty na to, co mówią ludzie, jednocześnie głęboko rozumiejąc, jakie mają intencje, gdy mówią w ich języku.

Jedną ze skutecznych strategii, które pomogą Ci czytać między wierszami, jest odczekanie chwili, zanim zaczniesz mówić. Pośpiech w udzielaniu odpowiedzi może oznaczać utratę czasu na zrozumienie, co faktycznie zostało powiedziane; a jeśli Twój rozmówca zrobi to samo, jego przesłanie może łatwo zaginąć wśród nieporozumień i słabej komunikacji.

Kiedy ktoś używa wyrażeń takich jak „nie wiem" lub „nie jestem pewien", nie spiesz się z wyjaśnieniami, gdy tylko powie, że czegoś nie rozumie – zamiast tego daj mu przestrzeń i oceń inne wskaźniki, aby zyskać pełniejszy obraz ich przesłania.

Czytanie między wierszami wymaga uważnego słuchania i uwzględnienia kontekstu, osobowości i sytuacji podczas czytania historii. Autor często nie przekazuje bezpośrednio tego, co próbują wyrazić jego bohaterowie, ale zamiast tego przedstawia sytuacje i wskazówki, co może się z nimi dziać – czytelnik może łatwo rozpoznać ten wskaźnik, jaki zapewnia postać.

Oto fragment pewnej historii:

Pociły jej się dłonie, gdy spojrzała na zegar po raz piąty w ciągu godziny, wiedząc, że przybędzie około ósmej. W miarę jak z każdą sekundą zbliżała się do ósmej, czuła, jak słabną jej kolana, a pięści zaciskają się w oczekiwaniu na jego przybycie .

„Kochanie” – zapytał jej mąż z drugiego końca pokoju. Odpowiedziała prosto. „Nic mi nie jest, tylko jest mi zimno” – to wszystko, co powiedziano, nie nawiązując z nim kontaktu wzrokowego. Kiedy zadzwonił dzwonek do drzwi, przykucnęła głębiej na kanapie z kolanami mocno ściskającymi klatkę piersiową, czekając na niezręczne spotkanie męża i jego chłopaka.

Czy autorka wskazała, że ich charakter jest niepokojący, czy jednak wywnioskowałeś to z jej mowy ciała i fragmentu? Czy zauważyłeś, że kiedy powiedziała: „To będzie długa, zimna noc”, nie chodziło tylko o pogodę? Są szanse, że stało się to naturalnie, ponieważ autor zwraca twoją uwagę bezpośrednio na reakcję postaci w każdym akapicie tekstu.

Jednak w kontaktach z prawdziwymi ludźmi często trudno jest dokładnie określić, co się dzieje, nawet jeśli coś wydaje się nie tak. Zaufaj instynktowi; nawet jeśli źródło jest na pierwszy rzut oka niejasne. Zanotuj w pamięci, aby ponownie przemyśleć to, co zostało powiedziane – na przykład, jeśli jedno z twojego rodzeństwa lub bliskich przyjaciół mimochodem wspomina, że będziesz w domu o szóstej, jako „Sam martwi się, jeśli się spóźnię”.

Bez względu na to, jak swobodna może wydawać się ta rozmowa, coś w niej jest nie tak. Może to był jej sposób ciągłego sprawdzania czasu albo jej pośpieszny ton; lub mogą to być po prostu słowa wybrane bez uwzględnienia kontekstu lub tonu.

„Muszę wrócić do domu” brzmi bardziej jak ultimatum niż wyraz zaniepokojenia, co może wskazywać, że ma niezdrową relację ze swoim partnerem; być może żadne z nich nie jest świadome emocjonalnego znęcania się, którego doświadcza pod nazwą miłości i troski. Możliwość wykrycia tego, co druga osoba próbowała przekazać, pozwala nam spojrzeć poza to, co zostało przekazane bezpośrednio.

Skoncentruj się na tym, co nie zostało powiedziane – na ciszy i pauzie – aby zyskać więcej zrozumienia. Cisza może wiele mówić; na przykład, jeśli Twoje dziecko nagle zamilkło, gdy zostało zapytane o dzień w szkole; podobnie, jeśli słowa, których postanowili nie wypowiadać, mogą wskazywać na problemy, na które warto zwrócić uwagę w innych aspektach komunikacji. Tę samą strategię możesz zastosować w kontaktach z każdą osobą, z którą chcesz uzyskać głębszy wgląd.

Jakich pytań lub tematów unikają dyskusji; kiedy robią zbyt długie przerwy między mówieniem; czy zmienia się ich ton, gdy dyskutujemy o pewnych osobach lub wydarzeniach; te obserwacje pomogą ci lepiej zrozumieć ich jako jednostki, a także zrozumieć wypowiadane słowa z większą głębią.

Podobnie jak podczas rozmów z dziećmi o szkole, podczas komunikacji z osobami, które nie chętnie dzielą się informacjami lub wolą używać niejasnego słownictwa. Twoje pytania i odpowiedzi muszą być starannie skonstruowane, aby zapewnić maksymalny efekt i efektywność.

Upewnij się, że robisz to wszystko w kontekście; Obserwując kogoś, zawsze pamiętaj o sytuacji, otoczeniu i okolicznościach. Zachowaj ostrożność, jeśli ktoś wydaje się odległy z powodu odwrócenia uwagi od otoczenia. Mogą też milczeć podczas rozmów na temat pewnych wydarzeń – nie dlatego, że chcą coś ukryć, ale z powodu braku zainteresowania lub odwrócenia uwagi od omawianej kwestii.

Tak jak zrozumienie drugiej osoby wymaga czasu, konsekwencji i zrozumienia, tak samo zrozumienie tego, co ktoś mówi między wierszami. Analizowanie każdego słowa i ciszy chwila po chwili doprowadziłoby jedynie do dalszego zamieszania; wystarczy być obecnym i uważnym podczas słuchania oraz mentalnie przejrzeć wszystko, co usłyszysz, zanim wyciągniesz wnioski na temat możliwych interpretacji.

Odbiorcy TedTalk nie tylko są świadkami świetnych pomysłów prezentowanych podczas TedTalk. Motywatorzy i osoby wpływowe, które odnoszą sukces, niekoniecznie mają świetne myśli; to ci, którzy rozumieją, jak skutecznie je prezentować - poprzez praktykę tonu i tonu, kategoryczną strukturę przemówień, a nawet wykorzystanie przekazu medialnego dla maksymalnego efektu. Wystąpienia publiczne wymagają opanowania sposobu mówienia, zamiast skupiać się wyłącznie na tym, co należy powiedzieć. Mówcy publiczni uczą się sztuki perswazji, aby pozyskać publiczność.

Mówcy publiczni często wykorzystują wzorce mowy, aby uporządkować treść w celu uzyskania maksymalnego efektu. Wybór tych wzorców zależy od tematów, odbiorców i głównego celu ich wystąpienia - innymi słowy, rozmowy powinny służyć swojemu prawdziwemu celowi, jeśli taki jest ich cel! Rozmawiając z kimś nowym, upewnij się, że Twój cel jest jasny, abyś mógł się skoncentrować podczas monitorowania odpowiedzi od tej osoby – osoby czytające nie powinny wiązać się ze zbieraniem nieistotnych szczegółów na temat innych.

Przyśpieszyć

W badaniu przeprowadzonym przez Instytut Badań Społecznych Uniwersytetu Michigan zbadano 1400 prób nakłonienia osób do wzięcia udziału w ankiecie przez rozmówców, przy czym na każdą próbę perswazji przypadała jedna rozmowa telefoniczna na rozmówcę. [24] Wyniki wykazały, że osobom mówiącym zbyt szybko i bez przerw nie udało się przekonać innych; badacze sprawdzili płynność, tempo mówienia i ton rozmów rozmówców, gdy próbowali przekonać innych; Do skutecznych osób przekonujących zaliczały się osoby mówiące z szybkością około 3,5 słowa na sekundę, co jest umiarkowanie dużą szybkością podczas przekonywania innych; [26]

Rób właściwe przerwy

Aby uzyskać maksymalny efekt podczas próby wywarcia na kogoś wpływu, idealne są cztery lub pięć przerw na minutę. Te przerwy pozwalają drugiej osobie rozważyć Twoją wiadomość przed udzieleniem odpowiedzi i okazać szacunek dla jej myśli i przekonań, nie obawiając się jednocześnie, że jej opinie na temat Twoich ustaleń rozwiną się z biegiem czasu – zwiększając w ten sposób zaufanie między Tobą a nią.

Prozodia (akcent, intonacja mowy i rytm) jest integralnym elementem skutecznego wygłaszania mowy, ale zbyt dużo prozodii może przynieść odwrotny skutek. To, co mówimy, może być różnie odebrane w zależności od sposobu przekazania, dlatego odpowiednie użycie tonu i rytmu zapewni, że to, co powiesz, zostanie odebrane dokładnie zgodnie z zamierzeniami; zbyt wiele może pozostawić nieufną publiczność w trudnej sytuacji; staraj się nie wydawać animowanych dźwięków podczas tworzenia zdań.

Użyj wzorców mowy, aby odnieść sukces

Istnieją różne wzorce mowy, które można zastosować w zależności od celów wystąpień publicznych, przy czym różne wybory wpływają na skuteczność przekazania ich wiadomości. Poniżej znajduje się kilka popularnych wzorców mowy mówców publicznych podczas tworzenia przemówień.

Podejście tematyczne lub logiczne: gdy przekazujesz wiele powiązanych ze sobą pomysłów, często najlepszym podejściem jest logiczne organizowanie informacji w taki sposób, aby przepływały z tematu na temat bez sprawiania wrażenia, jakbyś przeskakiwał między tematami bez podawania przekonujących argumentów.

Chronologiczny: Chronologiczna organizacja informacji sprawdza się najlepiej, gdy dane muszą mieć uporządkowany przebieg, np. opowiadanie historii. Jeśli na przykład chcesz porozmawiać o wyniku projektu, większe korzyści przyniesie ułożenie wydarzeń w porządku chronologicznym dla większej przejrzystości.

Przyczyna i skutek: Jak sama nazwa wskazuje, informacje te zostaną przedstawione przy użyciu relacji przyczynowo-skutkowych. Na przykład, omawiając problemy w pracy, zacznij od wyjaśnienia ich przyczyny, a następnie opisanie wpływu, jaki mają one na produktywność, może służyć jako skutek.

Problem i rozwiązanie: Podobnie jak przyczyna i skutek, problem i rozwiązanie są stosowane jako skuteczny sposób przekonania innych do podjęcia działań niezbędnych do rozwiązania konkretnych problemów. Jest to skuteczna metoda przekonywania słuchaczy, jak najlepiej podejść do rozwiązania danego wyzwania lub przeszkody.

Wzorce mowy mogą pomóc w jasnym przekazywaniu pomysłów i myśli. Ludzie lubią słyszeć znajome wzorce, które rozpoznają i łatwiej akceptują; zdezorientowane informacje często skutkują brakiem zaufania między zaangażowanymi stronami, więc poświęcenie czasu na sposób przekazania wiadomości zwiększy zarówno wiarygodność, jak i wpływ na ludzi.

Stosowanie skutecznego wzorca mowy jest kluczem do przekazywania informacji w łatwo przyswajalny sposób i zwiększania wpływu na drugą osobę. Twój cel będzie postrzegał Cię jako osobę autorytatywną i logiczną, której może bardziej ufać i przy której może swobodniej opowiadać o swoich pomysłach i uczuciach.

Często tworzymy z kimś silne więzi w oparciu wyłącznie o to, jak się z nią czujemy. „Nie wiem, dlaczego ci to wszystko powiedziałem, zwykle jestem mniej otwarty.

Czym dokładnie jest „klimat" i jak może mi pomóc nawiązać z kimś kontakt? Mówiąc najprościej, vibe to po prostu dobra energia, która może mieć pozytywny wpływ. Nie ma potrzeby afirmacji ani niekontrolowanego kiwania głową; aby się połączyć, wystarczy dobra atmosfera, gdziekolwiek się udasz!

Po prostu zapytaj dowolnego mówcę motywacyjnego lub guru rozwoju osobistego, a doradzi Ci otaczanie się pozytywnymi afirmacjami na temat Twoich celów. Choć na początku może to wydawać się zbędne, pozytywna energia szybko przenika i wpływa na nas wszystkich w taki czy inny sposób!

To jest dokładnie taki wpływ, jaki pozytywna energia i nastrój wywiera na innych ludzi. Świadomość, że ktoś akceptuje jego pomysły bez krytyki, pozwala mu otworzyć się przed tobą bez zadawania pytań, dając ci dostęp do jego umysłu bez zadawania pytań! Wszystko to staje się możliwe, gdy otaczający je ludzie wnoszą ze sobą pozytywną energię – dobrej energii nie da się udawać, można ją jedynie wykryć. Pozytywne nastawienie rozprzestrzenia się szybko – każdy uwielbia rozmawiać z ludźmi, którzy zawsze widzą jasną stronę! A także te wskazówki i strategie budowania wokół siebie pozytywnej atmosfery:

Szukaj dalej jasnej strony
Jak mówią, twoje reakcje na to, co ci się przydarza, determinują ich wynik. Zamiast lamentować, że ktoś jest dla Ciebie nudny, wykorzystaj tę okazję, aby zbadać, w jaki sposób ta osoba może myśleć inaczej niż Ty i stworzyć znaczące interakcje. Skupienie się na negatywie wydobędzie z ciebie więcej negatywności, którą inni natychmiast rozpoznają.

Jeśli tego nie czujesz, nie udawaj
Powiedzenie, że kochasz psy, może wydawać się puste; mieć wystarczająco otwarty umysł, aby akceptować różne punkty widzenia bez narzucania zgody innym; kiedy ludzie zorientują się, że akceptujesz ich prawo do przeciwnego punktu widzenia, zamiast udawać, że lubisz lub się zgadzasz, twoja reakcja będzie znacznie bardziej pozytywna i przyjazna dla tych różnic.

Praktykuj wdzięczność
Zastanawiasz się, jak wdzięczność może poprawić relacje? Rozpoczynając i kończąc każdy dzień, okazując wdzięczność za wszystko, co życie nam oferuje, i okazując szacunek osobom, które spotykasz na co dzień, np. liderom zespołów lub rodzeństwu, pamiętając o wyrażaniu im wdzięczności za każdym razem, gdy wchodzisz w interakcję.

Twoja codzienna praktyka bycia wdzięcznym może nawet wnieść pozytywną energię podczas interakcji z nimi!

Odkryj negatywność
Niestety, czasami nie zdając sobie z tego sprawy, możemy doświadczyć nagromadzenia negatywnych myśli. Dzieje się tak zwłaszcza wtedy, gdy pewne osoby kojarzymy z negatywnymi wspomnieniami; na przykład, jeśli ktoś wygłosił obraźliwy komentarz podczas ostatniej interakcji z tą osobą, może to wywołać nieprzyjemne wspomnienia, które pozostają długo po zakończeniu interakcji. Spróbuj zastąpić negatywne wspomnienia bardziej optymistycznymi, aby stworzyć optymistyczne środowisko.

Medytacja daje nam wszystkim nieocenioną szansę na relaks, odprężenie i poczucie uziemienia. Medytacja daje wspaniały sposób na uwolnienie wszelkiej negatywnej energii wokół ciebie i ocenę, jaki wpływ mają twoje działania na osoby znajdujące się w twojej strefie wpływów. Co więcej, praktykowanie praktyk medytacyjnych, takich jak uważność lub duchowość, może pogłębić połączenia z wewnętrznym ja i zapewnić głębszy spokój.

Natura ma moc uzdrawiania
Przebywanie na świeżym powietrzu ma niesamowite właściwości lecznicze! Otoczenie fal oceanu, widoki ze szczytów gór lub dźwięki z brzegów rzek mogą zdziałać cuda, pomagając nam się zrelaksować i uzdrowić od wewnątrz. Spędzanie czasu na świeżym powietrzu okazało się skuteczne w czynieniu ludzi mniej zgorzkniałymi i bardziej pozytywnymi – zrobienie tak potrzebnej przerwy na refleksję i odprężenie się wobec siebie i innych jest niezbędne, aby mieć pewność, że pozostaniemy szczęśliwymi ludźmi!
Pozytywna energia w Twojej komunikacji może mieć pozytywny wpływ na innych i zachęcać ich do bardziej swobodnego otwierania się i uczciwości w komunikacji z Tobą. Strach przed osądami, rozczarowaniem lub złością może sprawić, że ludzie zamkną się w sobie lub skłamią, aby uniknąć wrażenia nieprzyjaznego; zapewnienie komfortowej atmosfery i dobrej energii pomaga ludziom się zrelaksować, dzięki czemu mogą na nowo ocenić, jak Cię postrzegają, a także to, jak wiele z siebie ujawniają poprzez rozmowę.

Jak czytać w czyichś myślach, komunikując się za pomocą starannie skonstruowanych e-maili lub rozmów telefonicznych? Lub wykryć, kiedy ktoś kłamie podczas rozmowy przez telefon? Podobnie, jak interpretować komunikację między wierszami, taką jak WhatsApp, która w dużym stopniu opiera się na wybranych „emoji"?

Komunikacja cyfrowa oferuje nam wiele korzyści; możemy docierać do ludzi na całym świecie nie ruszając się z kanapy, a jednocześnie jego ograniczenia mogą ograniczać skuteczność naszej komunikacji. Jednak wraz z postępem rozwoju po pandemii nauczyliśmy się, jak efektywniej łączyć się. Stwierdzono, że uczniowie byli bardziej uważni na zajęciach online niż w klasie, ponieważ nie mogli podążać za wzrokiem nauczyciela, nie wiedząc, kogo on/ona obserwuje na ekranie komputera! Jednak technologia ma jeszcze przed sobą długą drogę, zanim będzie w stanie dorównać ludzkiemu ciepłu i intymności wynikającej z kontaktu międzyludzkiego jeden na jednego.

Odkrycie kogoś może być wyzwaniem, jeśli nie skupiasz jego pełnej uwagi; spanie, jedzenie lub przebywanie w tłumie. W większości przypadków podczas rozmów wideo lub czytania całych tekstów przed udzieleniem odpowiedzi nawet nie zorientujesz się, czy rozmówca jest włączony – co utrudnia zrozumienie ludzi na platformach cyfrowych; istnieją jednak techniki, których można użyć, aby dokładnie zinterpretować to, co ktoś próbuje przekazać.

Słuchaj, być może wspominałem o tym już wiele razy, ale skierowanie krytyki i konfliktu do cyberprzestrzeni może być łatwiejsze niż bezpośrednia komunikacja z kimś. Chociaż Twoje nieporozumienia mogą nie wydawać się tak poważne, gdy toczysz się za pośrednictwem wiadomości tekstowych, nadal ograniczają naszą zdolność do wzajemnego słuchania, czytania i rozumienia.

Zwróć uwagę na wskaźniki

Bez względu na to, gdzie dana osoba się znajduje, jej ton, dobór słów i otoczenie mogą stać się wskaźnikami działania jej umysłu. Na przykład, ile czasu zajmuje komuś odpowiadanie na e-maile? Lub szybko odpowiedzieć SMS-em? A może w ich głosie słychać poczucie pilności? Wystarczy odrobina uwagi, aby uzyskać bezcenne informacje na ich temat!

Utrzymuj skalibrowane podejście

Ludziom może być trudno czytać twarzą w twarz, a tym bardziej na ekranie, co jeszcze bardziej utrudnia błędne odczytanie ich tonu, doboru słów lub pauz. Możemy błędnie zinterpretować ich tekst, jeśli mamy dostęp do ograniczonych wskaźników. Komunikacja twarzą w twarz pozwala nam ustalić dokładny obraz danej osoby na podstawie wielu aspektów, takich jak wyraz twarzy, mowa ciała i ogólny „atmosfera". Komunikując się z innymi przez telefon lub SMS-y, pamiętaj, aby nie wyciągać pochopnych wniosków na podstawie ograniczonych danych. Zwracaj uwagę na to, co się mówi i zadawaj pytania, jeśli jest to konieczne, aby zachować jasność. Jeśli podczas rozmowy pojawią się pewne założenia, zastanów się, czy dostępna jest wystarczająca ilość danych, aby dokonać dokładnych obserwacji.

Jak rozpoznać kłamcę przez telefon lub SMS-a

Wykrywanie kłamstw wymaga wnikliwych umiejętności obserwacyjnych; Ponieważ jednak w wiadomościach SMS lub e-mailach nie ma wielu typowych sygnałów ostrzegawczych, wykrywacze kłamstw dostarczają wystarczającej ilości danych, które umożliwiają dokładne wykrywanie za pośrednictwem platform cyfrowych. Oto kilka oznak świadczących o tym, że ktoś okłamuje Cię na piśmie:

Ktoś, kto kłamie, może wydawać się zdezorganizowany i trudny do uchwycenia jednym wątkiem fabularnym, stale zmieniając tematykę, próbując ukryć lub zamaskować prawdę. Mogą próbować nadmiernie komplikować rzeczy lub wymyślać fałszywe twierdzenia, które nie sumują się; jednym ze sposobów wykrywania takich wiadomości za pośrednictwem wiadomości tekstowych może być szukanie długich akapitów tekstu, które nie wyjaśniają tematu w kontekście; gdyby to była prawda, nie musiałbyś czytać jej jeszcze raz, żeby dowiedzieć się, co naprawdę się wydarzyło.

Przesadnie kładą nacisk na niepotrzebne informacje lub unikają odpowiadania na konkretne zapytania

Jeśli ktoś zada Ci pytanie, które wymaga bezpośredniej odpowiedzi, zawsze możesz uniknąć odpowiedzi, odmawiając. Załóżmy na przykład, że zapytałeś partnera, gdzie jest, ale nie otrzymałeś odpowiedzi; cztery godziny później wysyłają do Ciebie wiadomość, w której wyjaśniają, że rozładowała się ich bateria, ale nadal informują, gdzie w tym momencie się znajdują – jest to równoznaczne z kłamstwem przez przeoczenie, ponieważ mówią wtedy prawdę, ale decydują się nie odpowiadać, kiedy po raz pierwszy zadano pytanie; dodatkowo mogą próbować udzielać zbyt skomplikowanych odpowiedzi, aby uniknąć bezpośredniej odpowiedzi i całkowicie wykoleić rozmowę.

Nikt nie odpowiada

Dawno minęły czasy, gdy wysyłanie wiadomości było jak wrzucanie kamieni do oceanu, nie wiedząc, kiedy i czy dotrze do odbiorcy; teraz wiemy dokładnie, kiedy dotarła nasza wiadomość, kiedy została wyświetlona i czy jest ona „online". Większość aplikacji do przesyłania wiadomości wyświetla wielokropek (...), gdy ktoś wpisuje swoją odpowiedź, dzięki czemu wiemy, że możemy się jej spodziewać w każdej chwili!

Za dużo informacji Ludzie mają tendencję do składania wyjaśnień. Zjadłeś kanapkę współpracownika w pracy? Istnieje duża szansa, że przedstawisz wyjaśnienie, trwające nawet piętnaście minut, dlaczego tak się stało. Podobnie, gdy kłamiemy, mamy tendencję do stosowania przesady w naszych reakcjach, aby ukryć to, w co chcemy, żeby ludzie wierzyli, że się dzieje; niektóre osoby regularnie piszą długie SMS-y, ale jeśli odpowiedzi stają się niezwykle długie, może to świadczyć o tym, że udzielają wyjaśnień w sprawie informacji, których postanowiły nie ujawniać.

Wyobraź sobie, że jesteś uwikłany w kłótnię tekstową, podczas której obie strony przedstawiają swoje stanowiska, tworząc długie odpowiedzi, dopóki nie zadasz pytania i rozmowa nagle nie przeniesie się z odpowiedzi na inny temat. W takim przypadku próba bycia zajętym może wskazywać na zamiar skrócenia tego wątku konwersacji i przejścia do czegoś zupełnie innego.

„Czy poszedłeś do jej domu po tym, jak cię o to poprosiłem?"

Wyglądała na zaskoczoną. To niesamowite, jak mało jest między nami zaufania! Niestety nie mam teraz na to czasu, bo trzeba zrobić pranie; porozmawiamy później... Cześć.

Tutaj masz to wszystko - wszystkie narzędzia niezbędne do zrozumienia ludzi. Mając w ręku przewodnik po ludziach, będziesz mógł zdobyć dogłębną wiedzę na temat tego, dlaczego ludzie mówią tak, a nie inaczej, zachowują się w określony sposób i mówią to, co mówią – począwszy od cech osobowości i stylu komunikacji, aż po czynniki wpływające na ich kształt; cała ta wiedza jest na wyciągnięcie ręki, ale zrozumienie kogoś może wymagać czasu, wysiłku i odrobiny domysłu!

Umysł jest skomplikowaną strukturą i aby go rozszyfrować, należy nadal rozumieć jego złożoność. Nawet jeśli znasz kogoś od lat, drobne konflikty lub nieporozumienia mogą utrudnić obiektywne słuchanie tego, co mówi ta osoba.

Dlatego często podkreślam znaczenie praktyki i obserwacji, jeśli chodzi o zrozumienie ludzi. Musisz sprawować kontrolę nad własnymi myślami, wykazując jednocześnie dużą zdolność adaptacji podczas czytania przekonań i stylów komunikacji innych ludzi, aby poprawnie zinterpretować ich słowa. Oto zarys i przypomnienie wszystkiego, co powinieneś zabrać ze sobą za każdym razem, gdy zamierzasz kogoś zrozumieć i rozwikłać zawiłości jego niewypowiedzianego języka.

Bądź mentalnie gotowy na czytanie ludzi
Za każdym razem, gdy angażujesz się w rozmowę z inną osobą, zrób inwentarz siebie. Zadaj sobie kilka kluczowych pytań, takich jak: * Czy mam już jakąś opinię na ich temat? lub >> Czy istnieją jakieś uprzedzenia i uprzedzenia, których powinienem się wystrzegać?

* Czy jestem psychicznie i emocjonalnie zdolny, aby spróbować kogoś zrozumieć? * O jakich aspektach należy pamiętać, próbując kogoś odczytać?

* Jakie czynniki zewnętrzne mogą wpłynąć na mój osąd? Zadawanie pytań w ten sposób umożliwi ci podejście do innych bez uprzedzeń i osądów. Aby uważnie obserwować ludzi, bądź uważny – uwolnij swój umysł od innych zadań i myśli, aby skupić się na obserwowaniu osób interesujących, nie traktując ich jako coś oczywistego – uważnie obserwuj mowę ciała, wyraz twarzy i słowa, słuchając uważnie i bez uprzedzeń.

Spędzaj czas na studiowaniu ludzi. Opanowanie każdej sztuki wymaga czasu i poświęcenia. Czytanie ludzi wymaga ciągłych badań, aby móc dokonać dokładnej oceny osób z różnych środowisk. Aby zrobić to właściwie, należy obserwować wiele osób o różnych osobowościach w całym społeczeństwie, aby wyrobić sobie trafny osąd na ich temat. Do czytania należy podchodzić całościowo. Chociaż miło byłoby zrozumieć, co myśli twój szef lub jaki komunikat próbuje wysłać do pokoju, aby to zrobić właściwie, konieczne jest zrozumienie wzorców, zachowań i motywacji wszystkich, z którymi się stykasz. Do tego zadania niezbędna jest umiejętność rozpoznania tych wzorców poprzez obserwację wielu osób. Weź tę umiejętność pod uwagę w kontaktach z osobami dojeżdżającymi do pracy w miejscach publicznych lub podczas rozmów ze sprzedawcami w domach towarowych, a nawet z fryzjerami.

Praktyka czyni mistrza, gdyż im częściej identyfikujesz i dostrzegasz osoby o różnych typach osobowości i stylach konwersacji, aby skutecznie przekazywać swój przekaz. Co więcej, praktyka pozwoli ci pozbyć się uprzedzeń i uprzedzeń i obserwować ludzi bez dokonywania pochopnych ocen na temat ich charakteru lub sytuacji życiowej. Umiejętność czytania ludzi jest niezbędnym atutem w rozwoju osobistym i zawodowym, ponieważ pomaga lepiej zrozumieć ludzi i ich motywacje. Uświadomienie sobie, że czyjaś głośność może nie być spowodowana agresywną mową, ale mieszkaniem ze starszymi dziadkami z ubytkiem słuchu, może dać ci nową perspektywę. Uważne słuchanie, gdy ludzie mówią i zadawanie odpowiednich pytań na ich temat oraz okazywanie zainteresowania ich historiami, pomoże Ci zbudować znaczące relacje zarówno zawodowe, jak i osobiste. Poświęcenie czasu na poznawanie ludzi zaprocentuje zarówno w pracy, jak i poza nią!

Cierpliwość i uwaga są zawsze potrzebne

Nauka robienia na drutach może być zniechęcająca. Praktyka czyni mistrza, podobnie jak niezliczone próby robienia na drutach koców, aż do perfekcji każdego węzła – ale kiedy skupisz się na właściwym zadaniu tkania każdego węzła, zdajesz sobie sprawę, ile cierpliwości, uwagi i poświęcenia wymaga wykonanie jednej próbki tkanina po drugiej. W podobny sposób zwracanie szczególnej uwagi może wydawać się łatwe w teorii, ale czasami trudne w obliczu komunikowania się z osobami, z którymi zdecydowanie się nie zgadzasz, lub gdy obserwujesz mowę ciała osoby, którą uważasz za nieinteresującą – oba zadania wymagają praktyki, jeśli mają przynieść odpowiednie rezultaty!

Cierpliwość i uważność mogą pomóc Ci pokonać to wyzwanie i zdobyć doświadczenie, poznając i rozumiejąc ludzi z różnych punktów widzenia. Tylko wtedy, gdy będziesz cierpliwie i uważnie słuchał kogoś, z kim się nie zgadzasz, nauczysz się obserwować i czytać ludzi poza osobistymi ograniczeniami.

Bądź autentyczny i wrażliwy. Rób notatki, gdy widzisz, że ktoś oddala się w trakcie rozmowy. Ludzie potrafią szybko wykryć wrogość i osądy; wiedzą, kiedy ktoś wokół nich próbuje chodzić po skorupkach jaj. Nie oczekuj, że ktoś się przed tobą otworzy, siedząc za trenczem ze szkłem powiększającym i starając się zachować wobec niego formalność lub chłodno; aby ktoś mógł się przed tobą otworzyć, musi czuć się wystarczająco bezpiecznie, otwierając się przed tobą swobodnie i bezpiecznie.

Dokonując ocen, zachowaj otwarty umysł

Ten problem był poruszany wystarczająco często, ponieważ szybkie osądy i oceny ludzi w oparciu o uprzedzenia i uprzedzenia są główną przyczyną ich zamykania się lub dokonywania na ich podstawie niewłaściwych ocen. Obserwując kogoś, przećwicz opóźnianie osądów i wniosków. Zachowaj ostrożność, jeśli w pierwszej chwili pomyślisz, że ktoś tańczący na ulicy próbuje zwrócić na siebie uwagę – natychmiast się zatrzymaj! Na przykład, jeśli wydają się szczęśliwi, tańcząc i myślisz, że „lubią zwracać na siebie uwagę", natychmiast zatrzymaj się, zanim dojdziesz do wniosku, co może się wydarzyć – lub pomyśl, że po prostu lubią być zauważani i wyciągać wnioski na podstawie założeń.

WNIOSEK

W tym momencie powinno być oczywiste, że nauka czytania ludzi jest podróżą w kierunku samopoznania i oceny; zdajesz sobie z tego sprawę, kiedy zdajesz sobie sprawę, że chodzi także o odkrycie więcej o Tobie, tak samo jak o drugiej osobie. Pomaga nam to rozpoznać ograniczenia w nas samych, dzięki czemu możemy tworzyć głębsze i bardziej znaczące połączenia między sobą, co ostatecznie daje nam wgląd w ich motywacje, aspiracje i, co najważniejsze, myśli.

Zrozum dlaczego jest początkiem każdej podróży. Nieważne, czy jest to szkoła biznesu, szkoła medyczna czy szkoła prawnicza – wszystko zaczyna się od odpowiedzi na jedno pytanie – dlaczego rzeczy dzieją się tak, a nie inaczej. Po udzieleniu odpowiedzi na to pytanie wszystko inne układa się organicznie. Czytanie ludzi polega na udzieleniu odpowiedzi na to pytanie w celach komunikacyjnych, a gdy już na nie odpowiesz, może otworzyć się szereg możliwości i usunąć bariery uprzedzeń i nieporozumień. Zrozumienie drugiej osoby prowadzi do silniejszych relacji. Umiejętna komunikacja będzie Ci służyć przez całe życie. Od kierowania członkiem zespołu lub przekonywania rodziców o swoich aspiracjach, po zrozumienie motywacji i toków myślenia innych osób — znajomość motywacji celu daje ci siłę, dzięki której możesz zostać wysłuchany i szanowany. Cóż za zaletę odkryłeś! Każda strona tej książki była jak otwarcie pudełka pełnego tajemnic związanych z ludzkim zachowaniem – tylko ta książka dostarcza jedynie przebłysków! Ludzi nie da się łatwo podzielić na kategorie czarne lub białe – występują w najróżniejszych odcieniach! Jest szansa, że z każdym dniem dowiesz się coraz więcej o osobach, które z tobą mieszkają. Ich reakcje mogą się różnić w zależności od doświadczeń życiowych, emocji i wpływów środowiska – aby je zrozumieć, najlepiej być świadomym tych zmian i odpowiednio się dostosowywać.

Teraz łatwiej niż kiedykolwiek rozpoznać te zmiany, począwszy od złego nastroju i negatywnych ludzi, po kłamstwo i trudności w komunikowaniu emocji. Korzystaj mądrze i odpowiedzialnie – świat Cię potrzebuje! Wykorzystaj te teorie w pracy i z tymi, które cenisz, ponieważ drzewa nadal potrzebują ciepła słonecznego i składników odżywczych w dobrej glebie, aby przetrwać. Zrozumienie jest konieczne, aby zostać zrozumianym, i musimy dostroić się do sposobu, w jaki ludzie myślą, abyśmy mogli oboje chronić ich interesy, jednocześnie rozumiejąc własne. Obyś zawsze mądrze wykorzystywał czytanie jako sposób na pogłębianie i pielęgnowanie znaczących relacji.

KONIEC